복·일·밥·쉼

복·일·밥·쉼

© 생명의말씀사 2014

2014년 9월 10일 1판 1쇄 발행
2024년 3월 12일　　　 5쇄 발행

펴낸이 | 김창영
펴낸곳 | 생명의말씀사

등록 | 1962. 1. 10. No.300-1962-1
주소 | 서울시 종로구 경희궁1길 6 (03176)
전화 | 02)738-6555(본사) · 02)3159-7979(영업)
팩스 | 02)739-3824(본사) · 080-022-8585(영업)

지은이 | 조현삼

기획편집 | 유선영, 김현정
디자인 | 윤보람
인쇄 | 영진문원
제본 | 다온바인텍

ISBN 978-89-04-07134-0 (03230)

저작권자의 허락 없이 이 책의 일부 또는 전체를
무단 복제, 전재, 발췌하면 저작권법에 의해 처벌을 받습니다.

복음
밥심

조현삼 지음

생명의말씀사

차례

프롤로그_ 복·일·밥·쉼을 주신 하나님 ············ 006

복 ············ 009

1장. 복을 주신 하나님 • 2장. 무엇이 복인가
3장. 하나님이 복이다 • 4장. 복의 기준은 하나님이다
5장. 사람이 축복하면 하나님이 복 주신다
6장. 당신은 복 있는 사람이다

일 ············ 065

1장. 일을 주신 하나님 • 2장. 일의 종류
3장. 그리스도인의 일 처리 지침 • 4장. 과로
5장. 게으름 • 6장. 봉사

밥 ············ 155

1장. 밥을 주신 하나님 • 2장. 땅 밥 • 3장. 무엇을 먹을 것인가
4장. 어떻게 먹을 것인가 • 5장. 하늘 밥

쉼 ············ 203

1장. 쉼을 주신 하나님

에필로그_ 주시고 주시고 또 주시는 하나님 ············ 228

프롤로그

복·일·밥·쉼을 주신 하나님

하나님이 세상을 창조하셨습니다. 하나님이 사람을 창조하셨습니다. 우리는 이것을 성경을 통해 알았습니다. 우리는 성경이 하나님의 말씀임을 믿습니다. 이런 우리에게 성경은 우리의 신앙과 생활의 기준이고 뿌리입니다.

하나님이 세상을 창조하시고 사람을 지으신 내용을 창세기를 통해 보는 중에 제 눈에 하나님이 사람을 지으시고 주신 네 가지가 들어왔습니다. 그것이 복·일·밥·쉼입니다. 하나님이 사람 안에 만들어 넣어 주신 것들에 대해서는 창세기는 따로 언급하지 않았습니다. 사람 안에 위도 있고 간도 있고 장도 있지만, 창세기는 그것에 대해서는 따로 언급하지 않았습니다. 그런데 하나님은 유독 도드라지게 복·일·밥·쉼은 하나님이 사람에게 주셨다고 창세기에 적어 주셨습니다.

이 말씀을 읽으며 사람에게는 타고나는 것이 있고 태어난 후에 채워야 하는 것이 있다는 것을 새삼 깨달았습니다. 복·일·밥·쉼은 후자입니다. 사람에게 위와 장이 반드시 있어야 하는 것처럼, 복·일·밥·쉼은 사람에게 반드시 있어야 합니다. 이것이 없으면 불행하고 이것이 있으면 행복하다는 것을 깨닫는 데 오랜 시간이 걸리지 않았습니다. 또한 이것들이 균형을 이루어야 하는 것도 덤으로 깨달았습니다. 복·일·밥·쉼 중에 어느 하나만 빠져도 인생은 덜컹거립니다. 복이 없는 인생, 일이 없는 인생, 밥이 없는 인생, 쉼이 없는 인생. 이 넷 중 하나가 빠졌을 뿐인데, 인생이 어려워지는 것을 우리는 주변에서 어렵지 않게 발견할 수 있습니다.

이 귀한 진리를 성경에서 깨닫고 그것을 여러분과 나누고 싶어 한 권의 책『복·일·밥·쉼』에 담았습니다. 먼저 창세기 1장 28절부터 2장 3절을 통해 하나님이 사람을 지으시고 복·일·밥·쉼을 주신 사실을 같이 확인하고 책으로 들어가고 싶습니다.

창세기 1장 28절을 보면, 하나님이 사람에게 복을 주셨습니다.

창세기 1장 28절을 보면, 하나님이 사람에게 일을 주셨습니다. "생육하고 번성하여 땅에 충만하라. 땅을 정복하라. 바다의 물고기와 하늘의 새와 땅에 움직이는 모든 생물을 다스리라."

창세기 1장 29절을 보면, 하나님이 사람에게 밥을 주셨습니다. "하나님이 이르시되 내가 온 지면의 씨 맺는 모든 채소와 씨 가진 열매 맺는 모든 나무를 너희에게 주노니 너희의 먹을 거리가 되리라."

창세기 2장 3절을 보면, 하나님이 사람에게 안식 곧 쉼을 주셨습니다. "하나님이 그 일곱째 날을 복되게 하사 거룩하게 하셨으니 이는 하나님이 그 창조하시며 만드시던 모든 일을 마치시고 그 날에 안식하셨음이니라."

하나님의 통치를 받는 것, 하나님을 찬양하는 것, 하나님의 말씀에 순종하는 것, 하나님을 기다리는 것, 하나님께 가까이하는 것, 하나님의 백성으로 선택받은 것이 복입니다. 하나님 없는 복은 없습니다. 복의 중심에는 하나님이 있습니다. 하나님 그분 자체가 복입니다.

1장
복을 주신 하나님

● 하나님이 사람을 창조하실 때 사람 안에 만들어 넣어 주신 것과 창조 후에 별도로 주신 것이 있습니다. 위와 장과 같은 장기들은 하나님이 아예 사람의 몸 안에 넣어 주셨습니다. 그러나 하나님께서는 사람의 몸 안에 음식물 자동 생성기는 달아 주시지 않았습니다. 하나님은 사람을 밥이 필요한 존재로 지으시고 그런 사람에게 밥을 별도로 주셨습니다. 밥이 필요한 사람을 지으시고 그가 사는 세상에 밥을 준비해 주셨습니다. 그래서 사람은 평생 밥을 먹고 삽니다. 밥을 먹어야 삽니다.

복도 마찬가지입니다. 복을 타고나는 것으로 생각하는 사람들이 있습니다. 복은 타고나는 게 아닙니다. 살면서 받는 것입니다. 행여나 '누구는 복을 타고났는데 나는 복을 타고나지 못해 이렇게 힘든 인생을 살고 있다'고 생각하는 분이 있다면, 그 생각이 틀렸다는 것으로 기뻐해야 합니다. 패키지 여행 상품에는 기본적으로 들어 있는 것이 있고, 옵션이 있습니다. 하나님의 사람 창조 패키지에 '복'은 옵션입니다. 창세기 1장 28절을 보면 하나님이 사람을 창조하신 후에 복을 별도로 주셨음을 확인할 수 있습니다.

하나님이 사람을 복이 필요한 존재로 만드셨다

사람이 복을 갈망하는 것은 하나님이 사람을 만드시길 복이 필요한 존재로 만드셨기 때문입니다. 사람을 창조하신 후에 하나님께서는 가장 먼저 그들에게 복을 주셨습니다. 하나님은 복이 필요한 사람을 지으시고 그들에게 복을 주셨습니다. 사람이 사람으로 살기 위해서는 복이 필요합니다. 복을 받아야 합니다.

이 세상 모든 나라, 모든 민족, 모든 백성이 복 받기를 갈망

합니다. 긴급 재난 구호나 선교로 세계 여러 나라를 가 보았습니다. 가는 나라가 어디든 상관없이 그곳에는 복을 갈망하고 복을 구하는 사람들이 있었습니다. 우리나라도 예외는 아닙니다. 혹자는 우리나라 사람들이 유난히 복 받기를 좋아한다고 하는데, 복은 만국 공통의 관심사입니다.

그런데 현실 속에서 복을 구하고, 복 받기를 사모하는 사람은 수준 낮은 사람, 천박한 사람으로 치부되기도 합니다. 특히 그리스도인들에게 기복祈福이란 말은 믿음 없이 그저 복 받기만 좋아한다는 의미로 읽혀져 욕같이 여겨지기도 합니다. 그러다 보니 그리스도인들 가운데는 복 받기 원하는 마음을 감추고, 복을 구하고 있는 자신이 세속화된 것 같아 힘들어 하는 이들도 있습니다.

사람이 복 받기를 갈망하는 것은 정상입니다. 사람이 밥을 먹지 않으면 배가 고프고, 물을 마시지 않으면 목이 마른 것처럼 사람이 복을 받지 못하면 '복 마름'을 느낍니다. 밥이 필요한 사람을 하나님께서 지으신 것처럼 하나님께서 복이 필요한 존재로 사람을 지으셨기 때문입니다. 사람이 복을 구하고 갈망하는 것을 문제 삼는 것은 배고픈 사람이 먹을 것을 찾는 것을 문제 삼는 것과 같습니다.

복이 무엇인지 알아야 한다

문제는 복이 아닌 것을 복으로 알고, 복을 줄 수 없는 곳에 가서 복을 구하는 것입니다. 배가 고프면 밥을 먹어야지 식당 쇼윈도에 진열된 플라스틱으로 만든 음식 조형물을 먹어선 안 됩니다. 그것을 먹으면 배가 부르지도 않을뿐더러 몸이 상합니다. '이미테이션 복'이 아닌 '오리지널 복'을 구하고 받아야 합니다.

그러려면 복이 무엇인지 명확하게 알아야 합니다. 그렇지 않으면 복이 아닌 것을 복으로 알고 그것을 구하다 죽을 수 있습니다. 또한, 복을 받고도 복 받은 줄 모르고 계속해서 복이 아닌 것을 갈망하며 복마른 인생을 살 수 있습니다. 복을 받고도 그것이 복인 줄 모르는 사람이나 복을 받지 못한 사람이나 불행하기는 마찬가지입니다. 복이 무엇인지를 알았다면 그다음은 그 복을 어디서 누구에게 어떻게 받는지 알아야 합니다. 이것을 모르면 복을 줄 수 없는 곳에 가서 복을 구하는 헛수고를 할 수 있습니다.

2장
무엇이 복인가

● 사람들은 복 받기를 원합니다. 서로에게 복을 빌어 주기도 합니다. 그런데 정작 무엇이 복이냐고 물으면 당황해 얼버무립니다.

"복이요? 복이 복이지요, 뭐……."

복이 무엇이라고 생각하십니까? 사람마다 복이라고 생각하는 것이 다를 수 있습니다. 어떤 이는 많은 재물을 복이라 생각하기도 하고, 어떤 이는 화목한 가정을 복이라고 생각하기도 합니다. 이 장에서 성경을 통해 복이 무엇인지를 찾아보려고 합니다. 먼저 우리말 성경에 '복'이라고 번역된 대표적인 단어를 히브리어와 헬라어를 통해 살펴봅시다.

바라크와 유로게오

"²⁷하나님이 자기 형상 곧 하나님의 형상대로 사람을 창조하시되 남자와 여자를 창조하시고 ²⁸하나님이 그들에게 복을 주시며 하나님이 그들에게 이르시되 생육하고 번성하여 땅에 충만하라, 땅을 정복하라, 바다의 물고기와 하늘의 새와 땅에 움직이는 모든 생물을 다스리라 하시니라." 창 1:27-28

이 말씀에 나오는 '복을 주시며'에 해당하는 히브리어는 '바라크'입니다. 이 단어의 의미는 '무릎을 꿇다, 복 주다, 찬양하다'입니다. 아람어로는 '베라크'라고 하는데 의미는 같습니다. 구약성경에서 하나님이 어떤 사람에게 복을 주신 것을 묘사할 때 이 단어가 주로 사용되었습니다.

'바라크'에 해당하는 헬라어 단어는 '유로게오'입니다. 의미는 '칭찬하다, 찬양하다, 축복하다'입니다. 이 단어는 '좋게, 잘'이라는 의미의 '유'와 '말, 진술'을 의미하는 '로고스'에서 유래됐습니다. 즉 '유로게오'는 어떤 사람에 대해 좋게 말한다는 의미로 쓰이던 단어인데, 히브리어 성경을 헬라어로 번역한 70인역본에서 '바라크'의 역어로 사용되면서 '복 주다'라는 의미로 쓰였습니다.

에세르와 마카리오스

에세르는 행복, 복, 지복至福을 의미하는데, '똑바로 가다, 나아가다, 형통하다, 축복하다'를 의미하는 '아사르'에서 유래했습니다. 에세르는 '–는 복이 있다' 또는 '–는 복되도다'라고 번역할 수 있습니다. 구약성경에서 하나님이 복 주시는 것을 '에세르'로 묘사한 한 경우는 없습니다. 이 경우는 모두 '바라크'가 사용되었습니다. 이해를 돕기 위해 설명을 덧붙이면, 하나님이 복을 주시는 것은 '바라크', 하나님이 주신 복을 받은 상태는 '에세르'라고 생각하면 이해하는데 도움이 될 것 같습니다.

'에세르'에 해당하는 헬라어는 '복된, 행복한'이란 의미의 '마카리오스'입니다. 이 단어는 '마카르'에서 유래했는데, 염려와 걱정으로부터 놓인 자유로운 상태를 가리킵니다.

신약성경에서 예수님이 누군가를 향해 "복이 있다"고 선언하실 때 '마카리오스'가 사용되었습니다. 산상수훈에 나오는 팔복에 '마카리오스'가 사용되었고, 빌립보 가이사랴에서 신앙을 고백한 베드로를 향해 복이 있다고 하실 때도 '마카리오스'가 사용되었습니다.

무릎을 꿇는 것이 복이다

무릎을 꿇는 것이 복입니다. 이것은 복에 대한 단어 공부를 통해 알게 된 사실입니다. 이것은 아마 대다수의 사람들이 기대하지 않았던, 생각하지 못했던 복의 의미일지 모릅니다. 일반적으로 사람들은 무릎 꿇는 것을 좋아하지 않습니다. 수치스럽고 부끄러운 일이라고 생각합니다. 세상에서는 자신에게 무릎 꿇는 사람의 수가 출세나 성공의 척도가 되기도 합니다. 이런 상황에 무릎을 꿇고 상대를 섬기고 그의 다스림과 통치를 받는 것이 복이라는 성경의 가르침은 의외일 수 있습니다.

우리의 생각과 하나님의 생각이 다를 때는 하나님의 생각에 우리의 생각을 맞춰야 합니다. 내 생각과 성경의 생각이 다를 때는 주저함 없이 성경의 생각에 내 생각을 맞춰야 합니다. 이것이 신앙입니다. 이렇게 하면 결국 좋게 됩니다. 잘됩니다. 하나님은 우리를 잘되게 하시는 분, 좋게 하시는 분입니다.

무릎을 꿇는 것은 상대에게 '내가 당신의 통치와 다스림을 받는다'고 고백하는 것입니다. 무릎을 꿇는 상대가 하나님이면 "나는 하나님의 통치와 다스림을 받고 하나님을 섬기겠다", 상대가 사람이면 "나는 당신의 통치와 다스림을 받고 당신을 섬기겠다"는 몸으로 하는 고백입니다.

섬기는 것이 복입니다. 하나님과 사람을 섬기는 것이 복입니다. '바라크'라는 단어를 통해 우리가 알 수 있는 것은 무릎을 꿇고 섬기는 그 자체가 복이라는 사실입니다.

이것을 이해하면 예수님이 이 땅에 오셔서 제자들에게 하셨던 말씀들도 이해가 될 것입니다. 예수님은 제자들을 향해 끊임없이 섬기는 자가 되어야 할 것을 강조하셨습니다. 예수님은 "나는 섬기는 자로 너희 중에 있노라"눅 22:27고 고백하시기도 했습니다. 십자가를 앞에 두고 친히 무릎을 꿇고 제자들의 발을 씻겨 주시기도 하셨습니다. 제자들을 복되게 하기 위해 복의 본을 보여 주셨습니다. 무릎을 꿇는 것이, 섬기는 것이 결코 부끄러운 일이나 수치스러운 일이 아니라 복이라는 사실을 몸으로 보여 주신 것입니다. 처음에는 예수님의 이 깊은 뜻을 알지 못하고 자리다툼을 하던 예수님의 제자들도 나중에는 섬기는 것이 복임을 깨닫고 섬기는 자가 되라고 권면하기에 이르렀습니다. 베드로가 "맡은 자들에게 주장하는 자세를 하지 말고"벧전 5:3라고 권면한 것이 그 예입니다.

복

좋게 말하는 것이 복이다

 복을 의미하는 히브리어 '바라크'와 헬라어 '유로게오'의 어원은 '좋게 말하다'입니다. 이것을 통해 우리는 좋게 말하는 것이 복이라는 사실을 배울 수 있습니다. 하나님에 대해 좋게 말하는 것이 찬양이고, 부모에 대해 좋게 말하는 것이 공경이고, 어른에 대해 좋게 말하는 것이 존경이고, 사람에 대해 좋게 말하는 것이 칭찬입니다. 찬양하고 공경하고 존경하고 칭찬하는 이것이 복입니다. 복을 받아야 이것이 가능합니다. 이렇게 하는 것이 사람에게 복을 주신 하나님의 뜻입니다.

 성경은 '하나님의 이름을 망령되이 부르지 말라. 또한, 하나님 앞에서 함부로 입을 열지 말라'고 가르칩니다. 하나님의 이름을 함부로 사용하지 말라, 하나님에 대해 함부로 말하지 말라는 말입니다. 하나님에 대해 함부로 말하는 것은 복이 아닙니다. 하나님을 무시하며 하나님에 대해 함부로 말하는 사람의 마음에는 평강이 머물 수 없습니다. 평강은 하나님을 찬양하는 자의 몫입니다.

 사람에 대해서도 좋은 말을 해야 합니다. 베드로는 "악을 악으로, 욕을 욕으로 갚지 말고 도리어 복을 빌라 이를 위하여 너희가 부르심을 받았으니 이는 복을 이어받게 하려 하심이라"벧전 3:9고 설명했습니다. 여기 나오는 '도리어 복을 빌라'는 '도리어 좋게 말하라'는 것입니다. 좋은 날을 보기 원하면 사람에 대해서도 좋게 말해야 합니다. 이어서 베드로는 "10생명을 사랑하고 좋은 날 보기를 원하는 자는 혀를 금하여 악한 말을 그치며 그 입술로 거짓을 말하지 말고 11악에서 떠나 선을 행하고 화평을 구하며 그것을 따르라"벧전 3:10-11고 권면했습니다.

성경이 하라고 한 말들을 종합하면 좋은 말이고, 하지 말라고 한 말을 종합하면 나쁜 말입니다. 말에 대한 성경의 가르침은 의외로 간단합니다. '좋은 말은 하고 나쁜 말은 하지 말라. 좋게 말하고 나쁘게 말하지 말라'입니다. 비난, 비판, 비방, 한담, 험담, 조롱 등은 하나님이 하지 말라고 성경에 적어 주신 말들입니다. 이런 말을 하는 것은 복이 아닙니다. 복이 없으면 이런 말을 합니다. 복을 받아야 이런 말을 하지 않습니다. 사람을 향해 자꾸 나쁜 말이 나오면, 누군가에 대해 나쁘게 말하고 있는 자신을 발견하면 서둘러 복을 구해야 합니다.

다른 사람을 두고 좋지 않게 말하면 마음이 불편하고 어려워지는 이유도 이것이 복이 아니기 때문입니다. 누군가를 흉보고 돌아설 때 마음의 불편한 이유도 마찬가지입니다. 아무리 상대를 위한 것이라고 항변해도, 성경과 양심이 그것이 상대를 위하는 것이 아니라고 증명해 줍니다. 상대를 위해서도, 자신을 위해서도 사람에 대해 나쁘게 말하지 말아야 합니다.

관계가 복이다

무릎을 꿇으면 관계가 생깁니다. 상관없던 사이가 상관있는 사이가 됩니다. 하나님께 무릎을 꿇으면 하나님과 관계가 형성됩니다. 하나님은 그의 왕이 되시고, 그는 하나님의 백성이 됩니다. 하나님은 그의 아버지가 되시고, 그는 하나님의 자녀가 됩니다. 하나님은 돈과 시간의 주인이 되시고, 그는 청지기가 됩니다. 세계가 하나님의 것이 되고, 그는 관리자가 됩니다.

하나님께서 사람에게 복을 주신 것은 곧 '관계'를 주신 것입니다. 하나님이 사람에게 '하나님과의 관계, 사람과의 관계'를 주셨습니다. 관계가 있는 것이 복입니다. 안타까운 것은 관계가 복인 줄 모르고, 점포 정리 하듯이 관계를 정리하는 것입니다. 무슨 일이 있을 때마다 계속 관계를 정리해 나가는 것입니다. 이런 일이 계속되면 나중에 주변에 아무도 남지 않습니다. 아무와도 관계없는 사람이 됩니다. 이것은 불행입니다. 성경이 관계를 끊으라고 한 경우를 제외하고는, 관계를 유지하는 것이 복입니다. 아들과 관계가 있고, 부모와 관계가 있고, 부장과 관계가 있고, 사장과 관계가 있는 것이 복입니다. 할 수 있으면 관계는 끊지 말고 이어 나가야 합니다. 끊어진 관계를 복원하기 위해서는 많은 힘과 수고와 시간이 필요합니다.

좋은 관계가 복이다

관계는 좋을 수도 있고 나쁠 수도 있습니다. 그래서 사람들 사이를 관계가 있는 사람과 없는 사람, 관계가 좋은 사람과 나쁜 사람으로 나눌 수 있습니다. 하나님과의 관계도 마찬가지입니다. 하나님과 관계있는 사람과 없는 사람, 하나님과 관계가 좋은 사람과 나쁜 사람이 있습니다.

하나님께서 사람에게 복을 주셨는데, 이 '복'이라는 단어의 의미가 '무릎을 꿇다', '좋게 말하다'입니다. 무릎을 꿇음으

관계가 만들어 지고, 좋게 말함으로 좋은 관계가 됩니다. 하나님께 무릎을 꿇고 하나님에 대해 좋게 말하면, 곧 하나님의 다스림을 받게 되고 하나님과 좋은 관계가 됩니다. 나쁘게 말하며 좋은 관계를 유지하기는 어렵습니다. 사람과도 마찬가지입니다. 사람들과의 관계 가운데 상대를 이기려고 하지 않고, 오히려 그를 섬기며 그에 대해 좋게 말하면 좋은 관계가 됩니다. 사람과의 좋은 관계 역시 복입니다. 하나님은 사람을 지으시고 그 사람에게 '좋은 관계'를 주셨습니다. 이것이 복입니다. 이것을 염두에 두고 하나님이 하신 말씀을 묵상하면, '아, 하나님이 그래서 이렇게 말씀하셨구나' 하고 무릎이 쳐집니다.

성경은 여러 곳에서 우리에게 "네 마음을 다하며 목숨을 다하며 힘을 다하며 뜻을 다하여 주 너의 하나님을 사랑하고 또한 네 이웃을 네 자신 같이 사랑하라"눅 10:27고 합니다. 예수님은 율법을 '하나님 사랑, 이웃 사랑'으로 압축해 주셨습니다. 관계라는 측면에서, 하나님을 사랑하면 어떻게 될까요? 또한 이웃을 사랑하면 어떻게 될까요? 당연히 관계가 좋아지지요.

성경은 아내들에게 "[22]아내들이여 자기 남편에게 복종하기를 주께 하듯 하라 23이는 남편이 아내의 머리 됨이 그리스도께서 교회의 머리 됨과 같음이니 그가 바로 몸의 구주시니라 24그러므로 교회가 그리스도에게 하듯 아내들도 범사에 자기 남편에게 복종할지니라"엡 5:22-24고 합니다. 남편들에게는 "아내를 사랑하며 괴롭게 하지 말라"골 3:19고 엄히 명하며 "아내 사랑하기를 그리스도께서 교회를 사랑하시고 그 교회를 위하여 자신을 주심 같이 하라"엡 5:25고 합니다. 관계라는 측면에서, 아내가 남편에게 순종하며 남편이 아내를 위해 희생하며 사랑하면 어떻게 될까요? 당연히 관계가 좋아집니다.

이런 관점에서 성경을 보면 좋은 관계를 원하시는 하나님이 보입니다. 하나님과 좋은 관계, 사람과 좋은 관계 맺기를 소원하시는 하나님을 만날 수 있습니다. 우리를 향하신 하나님의 마음이 보입니다. 좋은 관계를 맺는 구체적인 방법들을 아주 자세히, 그리고 반복해서 강조하고 있는 것도 보입니다. '용서하라, 용납하라, 겸손하라, 긍휼히 여기라, 불쌍히 여기라' 등이 다 좋은 관계 맺으라는 말로 들립니다.

성경대로 하면 관계가 어떻게 될까요? 당연히 좋아집니다. 관계가 좋아진 상태를 성경은 화평, 화목, 평화라고 합니다. 이 상태가 복입니다.

안타까운 것은 복 받겠다고, 좋은 관계를 깨뜨리는 것입니다. 성과와 실적이란 목표 달성을 위해 좋은 관계를 깨뜨리고, 성공을 위해 좋은 관계를 포기하는 것입니다. 좋은 관계가 복인데, 그것이 복인 줄 모르고 복을 받겠다고 그것을 깨뜨리니 안타까운 일입니다.

복을 받은 상태가 행복이다

우리말 성경에 '복'이라고 번역된 '바라크'와 '유로게오'와 '에세르'와 '마카리오스'의 차이는 무엇일까요? '바라크'를 받은 상태가 '에세르'라고 할 수 있습니다. 복 받은 상태가 행복입니다. 복 받지 못한 상태가 불행입니다.

행복은 근심과 걱정과 염려가 없고, 두려움과 불안함이 없는 상태입니다. 반면, 불행은 근심과 걱정과 염려가 가득하고, 두려움과 불안함에 사로잡혀 있는 상태입니다.

정리하면, 복은 하나님께 무릎 꿇는 것, 하나님을 찬양하는 것, 하나님과 좋은 관계를 맺는 것입니다. 이것이 복입니다. 하나님이 이런 것들을 주신 것을 성경은 '복을 주셨다'고 표현합니다. 복 받은 상태, 복이 있는 상태가 행복입니다.

3장

하나님이 복이다

• 지금까지 우리말 성경에 복이라고 번역된 대표적인 두 단어를 히브리어와 헬라어로 살펴보면서 복이 무엇인지를 알아보았습니다. 이제는 단어의 의미를 넘어 성경이 말하는 복의 의미를 찾아보려고 합니다.

성경에 나오는 복, 성경이 말하는 복은 다 하나님과 관련이 있습니다. 하나님의 통치를 받는 것, 하나님을 찬양하는 것, 하나님의 말씀에 순종하는 것, 하나님을 기다리는 것, 하나님께 가까이하는 것, 하나님의 백성으로 선택받은 것 등을 성경은 복이라고 말합니다. 하나님 없는 복은 없습니다. 복의 중심에는 하나님이 있습니다. 우리는 여기서 놀라운 사실을 깨달아야 합니다. 그리고 고백해야 합니다.

"하나님이 복입니다."

이 위대한 고백을 우리보다 먼저 한 사람이 있습니다. 시편 기자입니다. 시편 기자는 "주는 나의 주님이시오니 주 밖에는 나의 복이 없다"시 16:2고 했습니다. '하나님을 주인 삼는 것, 하나님의 다스림 아래 있는 것보다 나은 것은 없다, 이것이 가장 좋다'는 의미를 담아 시편 기자는 '주님은 나의 복'이라고 고백했습니다. 우리도 해야 할 고백입니다.

"하나님이 복입니다. 나의 하나님이 복입니다. 하나님이 나의 복입니다."

또한 시편 기자는 "여호와를 자기 하나님으로 삼은 나라 곧 하나님의 기업으로 선택된 백성은 복이 있도다"시 33:12라고 했습니다. 여호와를 자기 하나님으로 삼은 사람은 복이 있습니다. 복이신 여호와를 자기 하나님으로 삼았기 때문입니다.

"하나님께 가까이 함이 내게 복이라"시 73:28 시편 기자는 하나님이 복인 것을 알았기에, 그 복이신 하나님께 가까이함이 자신에게 복인 것을 안 것입니다.

이사야 선지자는 "대저 여호와는 정의의 하나님이심이라

그를 기다리는 자마다 복이 있도다"사 30:18라고 했습니다.

이들은 다 하나님과 관계있는 사람들입니다. 하나님과 관계있는 사람은 복이 있습니다. 하나님과 관계없는 사람은 복이 없습니다.

하나님이 있는 사람은 복 있는 사람이다

하나님이 복입니다. 그러므로 하나님을 받은 사람은 복 받은 사람입니다. 복이 있다는 것은 하나님이 있다는 말입니다. 하나님을 받았습니까? 당신 안에 하나님이 계십니까? 그렇다면 당신은 복 받은 사람입니다. 하나님이 있는 것은 복이 있는 것이고, 하나님이 없는 것은 복이 없는 것입니다.

"허물의 사함을 받고 자신의 죄가 가려진 자는 복이 있도다."시 32:1 여기도 하나님이 있습니다. "여호와를 자기 하나님으로 삼는 백성은 복이 있도다."시 144:15 여기도 하나님이 있습니다. "야곱의 하나님을 자기의 도움으로 삼으며 여호와 자기 하나님에게 자기의 소망을 두는 자는 복이 있도다."시 146:5 여기도 하나님이 있습니다. "여호와를 의지하는 자는 복이 있느니라." 잠 16:20 여기도 하나님이 있습니다. 다 하나님과 관계가 있습니다. 하나님이 있는 사람은, 하나님과 관계있는 사람은 복 있는 사람입니다.

복은 하나님이 주신다

복이신 하나님이 복을 주십니다. 복은 하나님께 받습니다. 복을 받기 원하면 복이 있는 곳으로 가야 합니다. 복을 주시는 분에게로 가야 합니다. "주 밖에는 나의 복이 없다"시 16:2고 고백한 시편 기자와 같이 우리도 고백하고 시냇물을 찾기에 갈급함같이 하나님을 사모해야 합니다. 다른 곳으로 가지 말고 하나님께로 가야 합니다.

예수님은 하나님이 보내신 복이다

하나님이 그의 아들 예수를 이 땅에 보내셨습니다. 하나님의 아들은 하나님입니다. 하나님이 하나님이신 예수를 이 땅에 보내셨습니다. 하나님께서 그 아들 예수를 이 땅에 보내신 것은 곧 복을 보내신 것입니다. 하나님이 보내 주신 예수를 받는 것은 곧 복을 받는 것입니다. 예수를 영접하는 것은 복을 영접하는 것입니다.

예수님이 제자들에게 물으셨습니다. "너희는 나를 누구라고 하느냐?" 예수님은 다른 사람들이 자신에 대해 말하는 것에 대해서는 별 반응을 보이지 않으셨습니다. 하지만 제자들이 자신을 어떻게 생각하는지에는 관심을 집중하셨습니다. 그때 베드로가 "주는 그리스도시요 살아 계신 하나님의 아들이시니이다"마 16:16라고 고백했습니다. 이것은 예수님을 향해 '예수님은 나의 구세주, 나의 하나님'이라고 고백한 것입니다. 베드로는 예수님과 자신의 관계를, 예수님과 자신이 관계있음을 고백한 것입니다. 예수님은 베드로의 신앙고백을 들으시고 이렇게 선언하셨습니다. "바요나 시몬아 네가 복이 있도다."마 16:17

예수 믿는 우리도 베드로처럼 고백하는 사람들입니다. 우리도 "예수님은 나의 주, 나의 메시야, 나의 하나님"이라고 우리와 예수님의 관계를 고백합니다. 예수님은 이런 우리를 향해서도 같은 선언을 하십니다. 각자의 이름을 넣어서 크게 외쳐야 할 대목입니다. "조현삼아, 네가 복이 있도다." 예수가 있는 사람, 예수와 관계있는 사람은 복 있는 사람입니다.

성령도 복이다

예수님이 이 세상을 떠나 하늘로 올라가시면서 성령을 약속하셨습니다. 약속대로 성령이 오셨습니다. 성령은 하나님입니다. 성령을 받는 것 역시 하나님을 받는 것입니다. 그러므로 성령 받는 것 역시 복을 받는 것입니다. 성령을 사모하라는 말은 복을 사모하라는, 성령을 충만히 받으라는 말은 복을 충만히 받으라는 말입니다. 성령 하나님이 복이시기 때문입니다.

하나님의 말씀대로 하는 자체가 복이다

우리는 이렇게 말합니다. "하나님의 말씀대로 하면 복 받는다. 하나님의 말씀에 순종하면 복 받는다." 맞는 말입니다. 그러나 이것을 더 분명하게 표현하면, "하나님의 말씀대로 하는 자체가 복이다. 하나님의 말씀에 순종하는 자체가 복이다"입니다. 이것이 더 정확한 표현입니다. 말씀대로 하는 그 자체가 복이기 때문입니다.

말씀대로 하는 것은 하나님의 통치를 받는 것입니다. 하나님의 말씀은 우리를 통치하시는 하나님의 칙령입니다. 이 칙령을 따르는 것은 곧 하나님의 통치를 받는 것입니다. 말씀에 순종하는 것은 우리가 하나님의 통치를 받고 있다는 가장 확실한 증거입니다. 우리가 이미 앞에서 살펴본 대로 하나님의 통치를 받는 그 자체가 복입니다.

하나님의 통치 아래 있을 때, 우리는 내가 사는 것이 아니라 하나님이 내 안에서 사시는 것을 경험합니다. 내가 나를 지키는 것이 아니라 하나님이 나를 지켜 주시는 평안을 누립니다. 하나님이 우리와 함께하시면, 우리가 하나님의 통치 아래 있으면 불안함과 두려움이 물러가고 평안함과 담대함이 그 자리를 대신합니다. 이것이 복입니다. 이 복을 받은 상태가 행복입니다. 그래서 성경은 말씀대로 하는 자, 말씀을 행하는 자들을 향해 복이 있다고 선포하는 것입니다. 이것을 다음 말씀들을 통해 확인해 보시기 바랍니다.

"너희가 이것을 알고 행하면 복이 있으리라." 요 13:17

"여호와를 경외하며 그의 길을 걷는 자마다 복이 있도다."
시 128:1

"1 행위가 온전하여 여호와의 율법을 따라 행하는 자들은

복이 있음이여 ²여호와의 증거들을 지키고 전심으로 여호와를 구하는 자는 복이 있도다." 시 119:1-2

"율법을 지키는 자는 복이 있느니라." 잠 29:18

"보라 내가 속히 오리니 이 두루마리의 예언의 말씀을 지키는 자는 복이 있으리라." 계 22:7

"²네가 네 하나님 여호와의 말씀을 청종하면 이 모든 복이 네게 임하며 네게 이르리니 ³성읍에서도 복을 받고 들에서도 복을 받을 것이며 ⁴네 몸의 자녀와 네 토지의 소산과 네 짐승의 새끼와 소와 양의 새끼가 복을 받을 것이며 ⁵네 광주리와 떡 반죽 그릇이 복을 받을 것이며 ⁶네가 들어와도 복을 받고 나가도 복을 받을 것이니라." 신 28:2-6

4장

복의 기준은 하나님이다

● 사람들은 누군가를 향해 복 받았다 또는 복이 없다고 말합니다. 자신을 대해서도 이렇게 생각합니다. 이렇게 말하고, 이렇게 생각하는 근거는 무엇일까요? 무엇에 근거해 하는 말일까요?

복 받은 여부를 판단하는 기준은 무엇인가

어떤 사람은 건강을 기준 삼아 복이 있고 없고를 판단합니다. 이 사람의 기준에 따르면, 아픈 사람이나 병원에 입원 중인 사람은 복 없는 사람입니다. 어떤 사람은 재물을, 어떤 사람은 지위를, 어떤 사람은 명예를, 어떤 사람은 자녀를 복이 있고 없고의 판단 근거와 기준으로 삼습니다.

이런 기준에 근거해 복 받은 여부를 판단하는 것에 반발해서 그 반대가 복이라고 주장하는 이들도 있습니다. 병든 것이 복이고, 돈 없는 것이 복이고, 권세가 없는 것이 복이고, 무명한 것이 복이라고 강변하는 경우입니다.

복 받은 여부를 판단할 때, 기준과 근거는 무엇으로 삼아야 할까요? 우리는 바로 앞장에서 하나님이 복이라는 사실을 같이 나누었습니다. 그렇습니다. 복의 기준은 하나님입니다.

그런데 세상 사람들이 생각하는 복과 성경이 약속한 복이 같아 보이는 경우가 있습니다. 성경에 소개된 복 받았을 때 나타나는 현상을 보다 보면, 때로 그것이 세상 사람들이 생각하는 복과 겹치는 경우가 있습니다. 예를 들자면, "네가 잘되고 땅에서 장수하리라"엡 6:3는 말씀 같은 경우입니다. 이것은 부모를 공경하는 자에게 하나님이 약속하신 말씀인데, '잘되는 것'과 '장수'라는 세상 사람들도 복으로 생각하는 요소가 들어 있습니다. 요한삼서 말씀도 같은 경우입니다. "사랑하는 자여 네 영혼이 잘됨 같이 네가 범사에 잘되고 강건하기를 내가 간구하노라." 요삼 1:2 이 말씀에도 세상 사람들이 복이라고 생각하는 '잘 되는 것'과 '건강'이 들어 있습니다.

잘 되는 것과 건강과 장수를 세상 사람들이 복으로 생각한다고 해서, 우리가 성경에 약속되어 있는 이것들을 복이 아니라고 부정해야 할까요? 아니면 세상보다 더 잘 되는 것과 건강한 것과 오래 사는 것을 복이라고 주장하며, 예수 믿으면 이렇게 된다고 전파해야 할까요? 복 앞에서 이런 고민을 한 번쯤은 다 했을 것입니다.

이 고민을 풀어 나가기 위해, 먼저 복 받았을 때 나타나는 현상을 살펴보려고 합니다.

하나님이 갖고 계신 것도 하나님과 함께 받는다

하나님이 우리에게 오실 때, 예수님이 우리에게 오실 때, 성령님이 우리에게 오실 때, 빈손으로 오시지 않습니다. 하나님께서 갖고 계신 좋은 것들은 다 하늘에 두시고 빈 몸으로, 빈손으로 우리에게 오시는 것이 아닙니다. 하나님이 우리에게 오실 때, 하나님이 갖고 계신 것들도 다 갖고 오십니다. 하나님을 받는 자는 하나님이 갖고 계신 것도 하나님과 함께 받습니다.

신랑 되신 예수님이 갖고 계신 것도 받는다

성경은 우리가 예수 믿는 것을 예수님과 결혼하는 것으로 비유하기도 합니다. 성경은 우리를 그리스도의 신부라고 했습니다. 예수님은 우리의 신랑입니다. 결혼할 때, 신랑이 자기가 가진 것들을 다 친가에 두고 빈 몸으로 신부에게 오나요? 아니면 그가 가진 것을 다 가지고 오나요? 신랑은 자신이 갖고 있던 것들을 다 갖고 옵니다. 결혼하면 남편의 것이 아내의 것이 되고 아내의 것이 남편의 것이 됩니다. 이것이 결혼입니다. 예수님과 결혼하면 예수님의 것이 내 것이 되고 내 것이 예수님의 것이 됩니다.

하나님 아버지의 것을 상속한다

성경은 우리와 하나님 사이를 아버지와 아들 사이라고 합니다. 예수를 믿을 때 하나님은 우리의 아버지가 되시고 우리는 그분의 아들이 됩니다. 양자 됨이라는 말이 있습니다. 사람의 경우에도 양자가 되면 그에게 상속권을 줍니다. 아버지의 것이 그의 것이 됩니다. 하나님과 우리 사이도 마찬가지입니다. 요한은 "영접하는 자 곧 그 이름을 믿는 자들에게는 하나님의 자녀가 되는 권세를 주셨으니"요 1:12라고 했고, 바울은 "자녀이면 또한 상속자 곧 하나님의 상속자요 그리스도와 함께 한 상속자"롬 8:17라고 했습니다. 하나님의 자녀가 되면 하나님의 것이 내 것이 되고 내 것이 하나님의 것이 됩니다.

하나님께는 온갖 좋은 것들이 다 있습니다. 지혜와 명철과 총명이 하나님께 있습니다. 능력과 권세와 영광이 하나님께 있습니다. 은과 금도 하나님의 것입니다. 이것을 깨달은 다윗은 이스라엘 온 회중 앞에서 여호와를 송축하며 이렇게 고백했습니다.

"11여호와여 위대하심과 권능과 영광과 승리와 위엄이 다 주께 속하였사오니 천지에 있는 것이 다 주의 것이로소이다 여호와여 주권도 주께 속하였사오니 주는 높으사 만물의 머리이심이니이다 12부와 귀가 주께로 말미암고 또 주는 만물의 주재가 되사 손에 권세와 능력이 있사오니 모든 사람을

크게 하심과 강하게 하심이 주의 손에 있나이다." 대상 29:11-12

좋으신 성령님이
갖고 계신 것도 받는다

성령의 은사가 있습니다. "8어떤 사람에게는 성령으로 말미암아 지혜의 말씀을, 어떤 사람에게는 같은 성령을 따라 지식의 말씀을, 9다른 사람에게는 같은 성령으로 믿음을, 어떤 사람에게는 한 성령으로 병 고치는 은사를, 10어떤 사람에게는 능력 행함을, 어떤 사람에게는 예언함을, 어떤 사람에게는 영들 분별함을, 다른 사람에게는 각종 방언 말함을, 어떤 사람에게는 방언들 통역함을 주시나니 11이 모든 일은 같은 한 성령이 행하사 그의 뜻대로 각 사람에게 나누어 주시는 것이니라." 고전 12:8-11

또한, 성령의 열매도 있습니다. "22오직 성령의 열매는 사랑과 희락과 화평과 오래 참음과 자비와 양선과 충성과 23온유와 절제니 이같은 것을 금지할 법이 없느니라." 갈 5:22-23 성령 하나님을 받을 때 우리는 성령이 갖고 계신 이 좋은 것들도 함께 받습니다.

그럼에도 '하나님의 것'이 아니라 '하나님'이 기준이다

이래서 예수를 믿는 우리가 좋아지고, 우리에게서 하나님의 능력이 나타나고, 예수 그리스도의 향기가 나고, 성령의 역사가 일어나는 것입니다. 복을 받으면 하나님뿐 아니라 하나님이 갖고 계신 것도 받기 때문입니다.

그러나 주의할 게 있습니다. 우리는 하나님이 갖고 계신 것들로 복 받은 여부를 판단하는 우를 범하지 말아야 합니다. 예를 들면 이런 것들입니다.

'은과 금이 없으면 복 받지 못한 것이다. 가난한 자는 복 없는 사람이고 부자는 복 있는 사람이다. 권세 있는 사람은 복 받은 사람이고 권세 없는 사람은 복 받지 못한 사람이다. 건강한 사람은 복 있는 사람이고 병든 사람은 복 없는 사람이다. 자녀가 좋은 대학에 들어간 사람은 복 받은 사람이고 자녀가 그러지 못한 사람은 복 받지 못한 사람이다. 승진한 사람은 복 있는 사람이고 승진하지 못한 사람은 복 없는 사람이다. 회사를 크게 키운 사람은 복 있는 사람이고 그렇지 못한 사람은 복 없는 사람이다. 이긴 사람은 복 받은 사람이고 진 사람은 복 받지 못한 사람이다.'

이런 기준으로 복 받은 여부를 판단하는 것은 위험합니다. 우리는 이런 기준으로 자신이나 다른 사람을 판단해서는 안 됩니다. 이런 기준에 근거해 자신이나 타인을 향해 복이 없다, 실패했다, 불행하다고 단정하고 탄식하는 것은 안타까운 일입니다.

신자와 불신자는 '기준의 차이'다

이런 것들을 기준으로 삼는다면 세상 사람과 우리가 다를 게 없습니다. 세상 사람들도 하나님은 원하지 않지만, 하나님이 갖고 계신 것들은 원합니다. 이런 기준이라면 성경에 나오는 많은 믿음의 사람들이 복 없는 사람이 됩니다. 바울은 자녀가 잘되기는커녕 자녀 자체가 없었습니다. 또한 바울은 수많은 사람들을 고쳐 주었지만, 심지어 사람들이 바울의 몸에서 손수건이나 앞치마를 가져다가 병든 사람에게 얹으면 그 병이 떠나고 악귀도 나갔지만 그는 마지막 날까지 병을 짊어지고 살았습니다. 예수님으로부터 복이 있다는 선포를 직접 들은 베드로는 "은과 금은 내게 없거니와"행 3:6 라고 공개적으로 말했습니다. 이들이 복 없는 사람입니까?

하나님이 있으면
돈이 있는 것도, 없는 것도 복이다

'돈이 많은 것이 복이냐, 아니면 돈이 적은 것이 복이냐? 건강한 것이 복이냐, 아픈 것이 복이냐? 권력이 있는 것이 복이냐, 권력이 없는 것이 복이냐? 유명한 것이 복이냐, 무명한 것이 복이냐?'

이런 논쟁은 쓸데없습니다. 복의 기준이 잘못 설정되어 있습니다. 복의 기준은 이런 것들이 아닙니다. 복의 기준은 하나님입니다. 하나님이 있고 없고가 복의 기준입니다.

하나님이 있으면 돈이 있는 것도, 없는 것도 복입니다. 하나님이 주셨으면 돈이 있는 것도 복이고, 하나님이 주시지 않았으면 돈이 없는 것도 복입니다. 하나님의 말씀대로 한 사람에게는 돈이 많은 것도, 적은 것도 복입니다. 하나님의 말씀대로 하지 않았다면 돈이 많은 것도, 없는 것도 복이 아닙니다. 게으르고 나태해 일하지 않아 돈이 없는 사람이 "돈이 없으니 행복하다"며 자신의 게으름과 일하지 않음을 정당화하는 것은 억지입니다. 불의와 부정과 착취를 통해 재산을 축적한 사람이 돈 많은 자신을 복 받은 사람이라고 강변하는 것 역시 억지입니다.

복 있는 사람은
어떤 형편에든지 행복하다

하나님이 마음에 있는 사람, 하나님과 함께 하는 사람, 하나님의 말씀을 통해 다스림을 받는 사람은 어떠한 형편에든지 만족합니다. 만족은 복 받은 상태일 때 나타나는 현상 중의 하나입니다.

하나님의 사람 바울은 "11어떠한 형편에든지 나는 자족하기를 배웠노니 12나는 비천에 처할 줄도 알고 풍부에 처할 줄도 알아 모든 일 곧 배부름과 배고픔과 풍부와 궁핍에도 처할 줄 아는 일체의 비결을 배웠노라"빌 4:11-12고 빌립보교회 성도들을 향해 고백했습니다. 어떻게 이것이 가능하냐고 마음으로 묻는 이들의 소리가 바울에게 들렸나 봅니다. 바울은 "내게 능력 주시는 자 안에서 내가 모든 것을 할 수 있느니라"빌 4:13고 대답했습니다.

풍부해도 만족이 없고 궁핍해도 만족이 없는 사람들이 있습니다. 돈이 있어 불행해진 사람, 돈이 없어 불행해진 사람들이 우리 주변에 많이 있습니다. 돈이 사람을 행복하고 불행하게 하는 것이 아닙니다. 돈의 많고 적음이 행복과 불행을 가르는 것이 아닙니다. 물론 돈이 많은 것이 때로 편리할 수는 있습니다. 그러나 편리한 것이 곧 행복은 아닙니다.

하나님이 있으면 건강한 것도, 병든 것도 복입니다. 병든 바울은 치료받기 위해 하나님께 세 번 간구했지만 "내 은혜가 네게 족하도다"고후 12:9는 주님의 말씀에 도리어 크게 기뻐함으로 자신의 여러 약한 것들에 대하여 자랑했습니다. 복 있는 그에게는 병든 것도 복이었습니다. 그러나 하나님이 없으면 건강한 것도, 병든 것도 복이 되지 못합니다. 우리 곁에 있는 건강해도 행복하지 않고, 병들어도 행복하지 않은 사람들이 그 증인입니다.

하나님이 있으면 사는 것도, 죽는 것도 복입니다. 경건한 자들의 죽음은 여호와께서 보시기에 귀중한 것입니다. 복 있는 사람 바울은 "내게 사는 것이 그리스도니 죽는 것도 유익함이라"빌 1:21고 고백했습니다. 그래서 복 있는 사람은 "우리가 살아도 주를 위하여 살고 죽어도 주를 위하여 죽나니 그러므로 사나 죽으나 우리가 주의 것이로다"롬 14:8라고 고백하는 것입니다. 그러나 하나님이 없으면 사는 것도, 죽는 것도 복이 아닙니다.

하나님이 있으면 유명한 것도, 무명한 것도 복입니다. 하나님이 없으면 유명한 것도, 무명한 것도 복이 아닙니다. 오히려 유명한 것이 화가 될 수 있습니다.

하나님을 복의 기준으로 삼은 사람은 행복하다

하나님을 복의 기준으로 삼은 하박국 선지자는 이렇게 외쳤습니다. "17비록 무화과나무가 무성하지 못하며 포도나무에 열매가 없으며 감람나무에 소출이 없으며 밭에 먹을 것이 없으며 우리에 양이 없으며 외양간에 소가 없을지라도 18나는 여호와로 말미암아 즐거워하며 나의 구원의 하나님으로 말미암아 기뻐하리로다."합 3:17-18 이것이 우리의 고백이 되어야 합니다. 하나님이 갖고 계신 것이 아니라 하나님을 복의 기준으로 삼고 하나님으로 만족해야 합니다.

안타까운 일은, 하나님에게는 관심이 없고 하나님이 갖고 계신 것에만 관심을 갖는 것입니다. 하나님에게는 관심이 없고 하나님에게 받을 것에만 관심이 있는 것입니다. 연인에게는 관심이 없고 연인이 가진 것에만 관심이 있는 사람이 있다면, 연인의 입장에서 마음이 어떨까요? 양들에게는 관심이 없고 양들이 가진 것에만 관심이 있는 목자가 있다면, 양의 마음은 어떨까요? 하나님 마음도 이와 크게 다르지 않을 것입니다.

    하나님을 구해야 합니다. 사슴이 시냇물을 찾기에 갈급함 같이 전심으로 하나님을 찾고 또 찾아야 합니다.

5장

사람이 축복하면
하나님이 복 주신다

● 하나님은 아무에게도 복을 비실 필요가 없습니다. 하나님이 복이시고, 하나님이 복을 갖고 계시기 때문입니다. 그러나 사람은 복을 갖고 있지 않습니다. 그래서 복이신 하나님, 복을 갖고 계신 하나님께 아무개에게 복을 주시라고 복을 빕니다. 이것이 축복입니다. 사람은 축복하고, 하나님은 강복하십니다. 여기서 '축'은 빌 '축祝'이고, '강'은 내릴 '강降'입니다. 강복은 복을 주신다는 의미로 사람이 하는 축복과 구분하기 위해 사용한 표현입니다. 천주교에서 주로 사용하는 표현이다 보니 이 표현을 사용하는 것이 조심스럽기는 하지만, 사람이 하는 축복과 구분할 수 있는 표현입

니다. 사람을 주어로 할 때는 축복, 하나님을 주어로 할 때는 강복이라고 하면 혼란이 없을 것 같습니다.

일반적으로는 하나님이 주어일 때나 사람이 주어일 때를 구분하지 않고 축복이라고 합니다. "하나님의 축복이 함께하시기 바랍니다." 일상적으로 많이 사용하는 표현이지만, 문자적으로 '하나님이 누구에게 복을 비느냐' 하는 이의를 제기할 수 있는 여지가 있습니다. 실제로 오래전에 담임 목사님이 '하나님의 축복'이라고 하는 것이 마음에 걸려 교회를 옮기겠다고 찾아왔던 장로님이 있습니다. 장로님을 잘 설득해서 돌려보내기는 했지만, 이 일을 계기로 성도들 중에는 이것을 이렇게 심각하게 생각하는 이들도 있구나 하는 것을 알게 되었습니다.

제사장은 공인 축복자다

하나님께서 모세를 통해 제사장 된 아론과 그의 아들들에게 이스라엘 자손들을 축복하라고 하셨습니다. 그들을 공인 축복자로 세우셨습니다.

"22여호와께서 모세에게 말씀하여 이르시되 23아론과 그의 아들들에게 말하여 이르기를 너희는 이스라엘 자손을 위하여 이렇게 축복하여 이르되 ²⁴여호와는 네게 복을 주시고 너를 지키시기를 원하며 ²⁵여호와는 그의 얼굴을 네게 비추사 은혜 베푸시기를 원하며 ²⁶여호와는 그 얼굴을 네게로 향하여 드사 평강 주시기를 원하노라 할지니라 하라 ²⁷그들은 이같이 내 이름으로 이스라엘 자손에게 축복할지니 내가 그들에게 복을 주리라."민 6:22-27

하나님은 제사장들에게 "너희가 축복하면 내가 그들에게 복을 주겠다"고 약속하셨습니다.

예수 믿는 우리는 제사장이다

누가 제사장입니까? 우리는 예수를 믿음으로 말미암아 제사장이 되었습니다. 하나님께 나아갈 수 있는 제사장이 되었습니다. 만인 제사장이란 말은 예수를 믿는 모든 사람이 제사장이라는 의미입니다. 민수기 6장 말씀은 예수를 믿음으로 제사장 된 우리가 축복하면 하나님이 그들에게 복을 주시겠다는 약속입니다. 제사장 된 우리가 사람들을 향해 복을 빌면 하나님이 복을 주시고, 은혜를 빌면 은혜를 주시고, 평강을 빌면 평강을 주십니다. 하나님께서 우리를 이 시대의 축복자로 세우셨습니다.

복이 하나님이라는 사실을 대입하면 축복하라는 말은 곧 하나님을 빌라는 것입니다. 하나님을 비는 것이 축복입니다. "하나님, 저 사람에게 하나님을 주세요. 하나님, 내 친구에게 예수님을 주세요." 이것이 축복기도입니다. "친구야, 예수 믿어. 예수님을 너의 주인으로 영접해." 이것이 축복입니다. 이런 의미에서 전도는 축복입니다. 최고의 축복입니다.

'우리가 축복한 사람에게 하나님이 예수를 주시다니, 우리가 전도한 사람이 복이신 예수를 받아 영생을 얻다니…….' 이 얼마나 놀랍고 위대한 역사이고 이 얼마나 귀한 사명입니까. 아, 놀라운 주의 은혜입니다.

사람이 복 받기를 바라는 것은 당연하다

복 받기 원하십니까? 주저함 없이 그렇다고 대답해도 됩니다. 복 받기 바라는 것은 미성숙한 것도, 잘못된 것도, 수준 낮은 것도 아닙니다. 복은 사람에게 밥만큼이나 중요한 것입니다. 복은 받아도 되고 안 받아도 되는 것이 아닙니다. 사람은 복을 받아야 합니다. 사람이 사람으로 살기 위해서는 복이 필요합니다. 사람이 사람으로 살기 위해서는 하나님이 필요합니다. 복 없이는 살 수 없습니다. 허전해서 살 수 없습니다. 공허해서 살 수 없습니다. 복이 있어야 삽니다. 하나님이 있어야 삽니다. 하나님께서 사람을 그렇게 만드셨습니다.

이제 당당하게 말해도 됩니다. "나는 복이 필요한 사람입니다. 나는 복 받기를 원합니다." 배고픈 것이 죄가 아니고 잘못된 것이 아닌 것처럼, 복을 구하는 것도 지극히 정상입니다. 하나님이 우리를 부르십니다. "복 마른 자들아, 다 내게로 오라." 하나님께 나아가 복을 구하는 자에게 하나님이 복을 주십니다. 하나님을 주십니다. 하나님을 받은 그는 복 있는 사람입니다. 복 받은 사람입니다.

복 받기 위해 교회 온 이들을 환영해야 한다

복이 고픈 사람은 하나님께로 가야 합니다. 예수님께로 가야 합니다. 예수님은 성찬식을 통해 당신의 살과 피를 기념

하는 떡과 포도주를 제자들에게 주시면서 "받아먹으라"고 하셨습니다. 배고픈 사람들이 밥을 먹듯이, 복이 고픈 사람들은 예수를 먹어야 합니다. 성령을 받아야 합니다.

시편 기자와 같이 '하나님밖에는 나의 복이 없다'고 믿고 복 받기 위해 하나님을 찾아온 사람에게 문제가 있는 듯이 지적하면 안 됩니다. 잘 온 것입니다. 복 받기 위해 교회를 찾은 이들을 우리는 잘 왔다고 환영해 주어야 합니다.

6장
당신은 복 있는 사람이다

● 시편 1편은 복 있는 사람은 어떤 사람이며, 그의 삶은 어떤지를 잘 묘사하고 있습니다. 복 있는 사람은 누구입니까? 앞에서 살펴본 대로 예수 믿는 사람이 복 있는 사람입니다. 당신이 예수를 믿는다면, 시편 1편은 복 있는 당신이 앞으로 어떤 사람이 될 것이며, 어떤 인생을 살 것인가를 미리 알려줄 것입니다.

먼저 시편 1편을 복 있는 사람에 자신을 대입해서 읽기 바랍니다.

"¹복 있는 사람은 악인들의 꾀를 따르지 아니하며 죄인들의 길에 서지 아니하며 오만한 자들의 자리에 앉지 아니하고

²오직 여호와의 율법을 즐거워하여 그의 율법을 주야로 묵상하는도다 ³그는 시냇가에 심은 나무가 철을 따라 열매를 맺으며 그 잎사귀가 마르지 아니함 같으니 그가 하는 모든 일이 다 형통하리로다 ⁴악인들은 그렇지 아니함이여 오직 바람에 나는 겨와 같도다 ⁵그러므로 악인들은 심판을 견디지 못하며 죄인들이 의인들의 모임에 들지 못하리로다 ⁶무릇 의인들의 길은 여호와께서 인정하시나 악인들의 길은 망하리로다." 시 1:1-6

복 있는 사람은 죄를 멀리한다

시편 기자는 "복 있는 사람은 악인들의 꾀를 따르지 아니하며 죄인들의 길에 서지 아니하며 오만한 자들의 자리에 앉지 아니하고"시 1:1라고 했습니다. 이 말씀은 복 있는 사람은 죄를 멀리한다는 의미입니다.

죄와 거리가 멀면 행복하고 죄와 가까우면 불행합니다. 죄는 우리에게 행복을 줄 것처럼 유혹하지만, 죄는 우리를 불행하게 합니다. 복 있는 사람은 죄를 멀리하고 복 없는 사람은 죄를 가까이합니다.

우리의 본성은 죄 지향적입니다. 죄에 끌립니다. 그러나 죄는 멀리해야 합니다. 본성대로 살면 불행합니다.

죄를 짓고 사는 것이 재미있고 좋은데, 죄를 멀리하려고 하면 이것은 고통스러운 일이 됩니다. 그러나 죄가 더럽게 보이고 죄의 악취를 맡을 수만 있다면, 죄를 멀리하는 것은 훨씬 쉬워집니다. 복 받으면 죄가 더럽게 보이고 죄에서 악취가 납니다. 간증을 들어 보면 공통으로 "과거에는 죄가 좋았는데 어느 날부터 그 죄가 싫어졌다"는 고백이 들어 있습니다. 죄가 더럽게 보이고 죄가 싫어지는 것, 복 받은 사람에게 나타나는 공통적인 현상입니다.

복 있는 사람은 말씀을 즐거워한다

시편 기자는 복 있는 사람은 "오직 여호와의 율법을 즐거워하여 그의 율법을 주야로 묵상하는도다"시 1:2라고 적었습니다. 성경에 대한 사람들의 반응은 호불호가 분명합니다. 어떤 사람에게 하나님의 말씀은 꿀과 송이꿀보다 더 답니다. 그러나 모든 사람이 다 그렇지는 않습니다. 어떤 사람은 종일 말씀을 읽고 기도할 수만 있다면 더 이상 바랄 것이 없다고 합니다. 하지만 다른 어떤 사람에게 그것은 고문입니다.

복 있는 사람과 없는 사람은 말씀을 대하는 태도와 자세에서 차이가 납니다. 복 있는 사람은 말씀을 좋아하고 복 없는 사람은 싫어합니다. 복 있는 사람은 말씀을 가까이 하고 복 없는 사람은 멀리합니다. 복 있는 사람은 성경 말씀이라면 그대로 합니다. 복 없는 사람은 성경이 뭐라 하든 상관없이 자기 마음대로 합니다. 복 있는 사람의 행동 지침은 성경입니다. 복 없는 사람의 행동 지침은 자기 마음, 자기 기분입니다.

졸업하기 위해서도 아니고 학점을 따기 위함도 아니고 학위를 받는 것도 아닌데 주일마다 교회에 나가 말씀을 듣기를, 그것도 수년 혹은 수십 년째 하고 있는 것은 대단한 일입니다. 복 있는 사람만 할 수 있는 일입니다. 복 없는 사람은 도무지 할 수 없는 일입니다.

복 있는 사람은 생기가 있다

시편 기자는 복 있는 사람을 '시냇가에 심은 나무'에 비유했습니다. 시냇가에 심은 나무는 그 잎사귀가 마르지 않습니다. 늘 푸르고 청청합니다. 마찬가지로 복 있는 사람은 마르지 않습니다. 그는 활력이 있고 생기가 넘칩니다. 그를 만나면 생명의 기운이 느껴집니다. 함께 있으면 생명의 기운이 충전됩니다. 단지 잠시 마주했을 뿐인데 힘이 납니다.

복 있는 사람은 열매가 있다

시편 기자는 복 있는 사람을 두고 "그는 시냇가에 심은 나무가 철을 따라 열매를 맺으며 그 잎사귀가 마르지 아니함 같으니"시 1:3라고 했습니다. 물가에 심은 나무는 철마다 열매를 맺습니다. 마찬가지로 복 있는 사람은 열매를 맺습니다.

예수님은 제자들에게 "너희가 나를 택한 것이 아니요 내가 너희를 택하여 세웠나니"요 15:16라고 강조하시며 "너희로 가서 열매를 맺게 하고 또 너희 열매가 항상 있게"요 15:16 하려함이라고 그 이유를 설명하셨습니다. 예수님이 우리를 택하신 이유, 하나님이 우리에게 복을 주신 이유는 '열매를 맺고 그 열매가 항상 있게 하기 위함'입니다.

성령을 받아도 열매가 맺힙니다. 사랑과 희락과 화평과 오래 참음과 자비와 양선과 충성과 온유와 절제의 열매가 맺힙니다. 성령의 열매는 성품의 열매라고 할 수 있습니다. 성령의 열매가 맺히면 성품이 좋아집니다. 복 있는 사람이 성품이 좋은 데는 이유가 있습니다.

복 받은 사람에게는 열매가 있습니다. 복 있는 사람은 좋은 열매를 맺습니다. 이 좋은 열매를 본인이 먹고 함께 하는 사람들이 먹습니다. 복 있는 사람과 함께 하면 행복한 이유도 여기 있습니다.

복 있는 사람은 앞으로 나간다

시편 기자는 복 있는 사람은 그가 하는 모든 일이 다 형통할 것이라고 했습니다. 그렇습니다. 복 받으면, 복 있는 사람이 되면 하는 모든 일이 다 형통합니다. 형통의 의미를 살펴보기 위해 구약성경을 기록한 히브리어로 형통에 해당하는 단어를 찾아보았습니다. '형통하다'를 히브리어로 '찰라흐'라고 하는데, '앞으로 나가다, 발전하다'는 의미가 있습니다.

사람은 정체, 퇴보, 발전할 수 있습니다. 정체는 그 자리에 멈춘 것입니다. 퇴보는 오히려 뒤로 간 것입니다. 발전은 앞으로 나간 것입니다.

인격과 성품도 정체되고 퇴보하는 경우가 있습니다. '나이가 들면 애가 된다'는 말이 있습니다. 퇴보한 것을 두고 한 말입니다. 사람이 정체하고 퇴보하는 이유는 여러 가지입니다. 그중의 하나는 죄에 발목이 잡혀서입니다. 죄에 발목이 잡히면 앞으로 나갈 수 없습니다. 인생길을 잘 달리던 사람이 어느 순간 죄에 발목이 잡혀, 그만 그 자리에 주저앉고 마는 경우가 있습니다. 이러면 그의 인생이 정체됩니다. 정체되는 것도 안타까운 일인데, 정체로 끝나지 않습니다. 발목을 잡은 죄의 목표는 정체가 아닙니다. 다음 목표는 퇴보입니다.

발목이 잡혀 주저앉은 사람이 복을 받으면, 다시 일어나 앞으로 갑니다. 언제 그랬느냐는 듯이 앞을 향해 뜁니다. 그러나 복을 받지 못하면 퇴보합니다. 원망하며 불평하며 분노의 감정을 조절하지 않고 다 쏟아 내며 인생을 포기한 사람처럼 삽니다.

복은 사람을 앞으로 나가게 합니다. 복 있는 사람은 정체하지 않습니다. 잠시 정체할 수는 있지만, 다시 일어나 앞으로 나갑니다. 복 있는 사람은 퇴보하지 않습니다. 퇴보하지 않으려면 복을 받아야 합니다. 복 있는 사람은 해마다 앞으로 나갑니다. 나이가 들수록 앞으로 나갑니다. 발전합니다. 죽는 그날까지 앞으로 나가는 사람, 그가 복 있는 사람입니다.

복 있는 사람은 망하지 않는다

시편 1편은 복 있는 사람은 그가 하는 일이 다 형통할 것이라고 말한 후에 "⁴악인들은 그렇지 아니함이여 오직 바람에 나는 겨와 같도다 ⁵그러므로 악인들은 심판을 견디지 못하며 죄인들이 의인들의 모임에 들지 못하리로다 ⁶무릇 의인들의 길은 여호와께서 인정하시나 악인들의 길은 망하리로다" 시 1:4-6라고 선포합니다.

시편은 복 있는 사람을 의인, 복 없는 사람을 악인 또는 죄인이라고 부릅니다. 복 있는 사람의 다른 이름은 의인입니다. 의인이 되었다는 말은 곧 복 있는 사람이 되었다는 의미입니다.

복 있는 사람은 망하지 않습니다. 이것은 성경의 선언, 하나님의 선포입니다. 의인은 일곱 번 넘어질지라도 다시 일어납니다. 사람의 관점에는 망한 것같이 보일 수 있지만, 복 있는 사람은 절대 망하지 않습니다. 인생의 흥망에 대한 평가는 살아 있는 때와 죽음 후의 시간까지 넣고 해야 합니다. 영원을 넣고 평가할 때, 복 있는 사람 가운데 망한 사람은 단 한 사람도 없습니다.

복

영원한 복이 있다

하나님을 받으면, 곧 복을 받으면 영혼이 살아납니다. 죽은 영혼이 살아납니다. 사람이 하나님과 함께 삽니다. 하나님의 형상이 사람의 몸을 통해 나타납니다. 하나님을 받으면, 곧 복을 받으면 현세와 내세가 달라집니다. 예수님을 받으면, 곧 복을 받으면 현세는 천국 경험, 내세는 천국 입성입니다.

복에 대한 것을 마무리하면서 다시 한 번 고백합니다.

복은 하나님입니다. 하나님이 복입니다.

예수님이 복입니다. 성령님이 복입니다.

복은 하나님을 받는 것입니다.

하나님과 함께 사는 것입니다.

예수님을 영접하는 것입니다.

하나님의 통치를 받는 것입니다.

하나님을 찬양하는 것입니다.

하나님과 좋은 관계를 맺는 것입니다.

하나님의 말씀대로 사는 것입니다.

종합하면, 복 중의 복은 예수 믿는 것입니다. 영생을 얻는 것, 이것이 영원한 복입니다.

복 받으면 좋다

복을 마무리하며 마음에 머문 생각은 '복 받으면 좋다'입니다. 이것은 성경을 통해 복에 대해 공부하고 얻은 결론이기도 합니다.

하나님은 좋으신 분입니다. "너희 하늘 아버지께서 구하는 자에게 성령을 주시지 않겠느냐"눅 11:13의 평행 구절은 "하늘에 계신 너희 아버지께서 구하는 자에게 좋은 것으로 주시지 않겠느냐"마 7:11입니다. 성령을 받는 것은 곧 좋은 것을 받는 것입니다. 복 받는 것은 곧 좋으신 하나님을 받는 것이라는 사실에 근거하면, 복 받으면 좋고 복 받으면 좋게 되는 것입니다. 이 당연한 사실을 다시 한 번 전해드립니다.

복 받으면 좋습니다. 복 받으면 좋아집니다. 복 받으면 좋게 됩니다. 복 받으면 현세와 내세가 좋아집니다. 복 받으면 마음도 좋아지고 기분도 좋아지고 성품도 좋아지고 인격도 좋아지고 관계도 좋아지고 사람도 좋아집니다. 범사가 좋아집니다. 복은 범사를 좋게 합니다.

우리말 성경에 '좋은 것'을 뜻하는 히브리어 '토브'가 복으로 번역되기도 했습니다.시 16:2

생육하고 번성하여 땅에 충만하게 되는 일, 땅을 정복하는 일, 모든 생물을 다스리는 일이 하나님이 사람에게 선물로 주신 일입니다. 일은 죄의 결과나 죄의 형벌이 아닙니다. 일은 하나님의 선물입니다.

1장
일을 주신 하나님

● 사람을 창조하시고 그들에게 복을 주신 하나님은 이어서 그들에게 일을 주셨습니다.

"생육하고 번성하여 땅에 충만하라, 땅을 정복하라, 바다의 물고기와 하늘의 새와 땅에 움직이는 모든 생물을 다스리라." 창1:28

이것이 하나님이 사람에게 주신 일입니다. 생육하고 번성하여 땅에 충만하게 되는 일, 땅을 정복하는 일, 모든 생물을 다스리는 일이 하나님이 사람에게 선물로 주신 일입니다. 하나님이 사람에게 주신 일을 보면 사람이 어떤 존재인지를 알 수 있습니다. 하나님께서는 땅과 모든 생물을 사람의 통치 아래 두셨습니다. 땅을 정복하고 모든 생물을 다스릴 존재가 사람입니다. 우리가 바로 이 사람입니다.

일은 형벌이 아니다

간혹 일을 사람이 타락한 후에 형벌로 받은 것으로 오해하는 경우가 있습니다. 하나님이 사람에게 일을 주신 시점은 사람이 타락하기 전입니다. 하나님이 사람에게 일을 주셨다는 내용을 담은 창세기 1장 28절은 인간의 타락이 기록된 창세기 3장보다 앞에 있습니다. 아마 이런 오해는 "네가 흙으로 돌아갈 때까지 얼굴에 땀을 흘려야 먹을 것을 먹으리니 네가 그것에서 취함을 입었음이라 너는 흙이니 흙으로 돌아갈 것이니라"창3:19는 말씀 때문이 아닐까 싶습니다.

또한 여자가 잉태하여 해산하는 일도 이런 오해를 받고 있습니다. 하나님은 사람을 지으실 때 남자와 여자가 결혼해서 여자가 잉태하여 자녀를 낳도록 설계하셨습니다. 하나님께서는 아내의 머리로 남편을 세우시고 아내는 그 남편에게 순종하게 하셨습니다. 하나님은 남자와 여자를 처음부터 이렇게 지으셨습니다. 이것은 사람이 죄를 짓기 전부터 계획하신 일입니다. 자녀를 잉태하고 출산하는 것은 죄의 결과로 온 것이 아닙니다. 아내가 남편에게 순종하는 것이 여자가 지은 죄의 결과가 아닙니다.

그런데도 하나님이 죄를 범한 여자에게 말씀하신 "내가 네게 임신하는 고통을 크게 더하리니 네가 수고하고 자식을 낳을 것이며 너는 남편을 원하고 남편은 너를 다스릴 것이니라"창 3:16는 내용을 얼핏 읽으면 임신과 출산, 남편에게 순종하는 것이 죄로 말미암아 여자가 받은 형벌인 것처럼 오해할 수 있습니다. 이런 오해를 하는 여인들은 '왜 하와가 죄를 지어 내가 이 고생을 하느냐'고 하와를 원망할 수 있습니다. '하와가 죄를 짓지 않았으면 내가 남편에게 순종하지 않아도 되는데 하와 때문에 내가 남편의 다스림을 받게 되었다'고 불평할 수 있습니다.

그게 아닙니다. 여자가 잉태하여 자녀를 낳는 것은 선하고 아름다운 일입니다. 아내가 남편에게 순종하는 것은 아내와 가정의 행복을 위해 하나님이 설계하신 것입니다. 다만 죄로 말미암아 잉태하고 해산하는 일에 고통이 더해졌습니다. 또한 '너는 남편을 원하고 남편은 너를 다스릴 것이라'는 것 역시 마찬가지입니다. 이 말씀은 '너는 남편을 주장하기를 원하지만 결국 남편의 다스림을 받을 것이라'는 의미입니다. 남편을 주장하고 다스리려고 하다 남편의 다스림을 받는 것, 이것이 여자에게 형벌로 주어진 것입니다. 아내 된 분들은 바로 확인할 수 있습니다. 남편에게 순종하는 대신 남편을 주장하려고 하면 어떤 결과가 오는지 말입니다. 고통이 찾아옵니다. 자신을 주장하려고 하고, 다스리려고 하고, 자기 마음대로 하려고 하는 아내를 사랑스럽게 느끼는 남편은 지구상에 존재하지 않습니다. 여자가 불행해지는 길은 의외로 간단합니다. 남편을 쥐고 흔들면 됩니다. 남편을 자기 마음대로 주장하려고 하면 됩니다. 남편의 다스림을 받는 것은 죄의 형벌이 아닙니다. 그것은 가정을 지으신 하나님의 설계입니다.

일은 하나님의 선물이다

일도 마찬가지입니다. 일은 죄의 결과나 형벌이 아닙니다. 일은 하나님의 선물입니다. 솔로몬은 전도서에서 "사람이 하나님께서 그에게 주신 바 그 일평생에 먹고 마시며 해 아래에서 하는 모든 수고 중에서 낙을 보는 것이 선하고 아름다움을 내가 보았나니 그것이 그의 몫이로다"전5:18라고 고백했습니다. 그는 이어 "수고함으로 즐거워하게 하신 것은 하나님의 선물이라"전 5:19고 했습니다. 여기 나오는 '수고'가 일입니다. 솔로몬이 고백한 대로 일은 형벌이 아니라 하나님의 선물입니다. 태초에 하나님이 천지를 창조하시고 사람에게 주신 일은 즐거웠습니다. 그 일은 사람의 가슴을 뛰게 했습니다. 이 즐겁고 가슴 뛰는 일이 죄로 말미암아 고통스러워진 것입니다.

일이 지겨운 사람이 있고 일이 즐거운 사람이 있습니다. 구원받은 우리는 일이 즐겁습니다. 이유가 있습니다. 우리가 예수를 믿을 때, 우리 안에 생명이 회복될 때, 우리가 죄에서 자유롭게 될 때, 우리의 일도 원 상태로 복원되고 회복됩니다. 형벌이 선물로 바뀝니다. 괴로워하던 일이 즐거운 일로 바뀝니다. 예수를 믿으면 일을 대하는 우리의 태도와 관점이 바뀝니다. 이것이 게으른 사람이 부지런한 사람으로 바뀌는 변화로 나타납니다. 복음이 들어간 곳에서 게으름이 물러가고 부지런함이 문화가 되는 이유도 바로 이 때문입니다.

그러나 예수를 믿는다고 이것이 자동으로 되는 것은 아닙니다. 이것이 자동으로 되는 일이라면 예수를 믿는 모든 사람들은 일을 즐거워해야 하고 부지런해야 하지만 안타깝게도 우리 주변에는 예수를 믿지만 여전히 일하는 것을 힘들어하고 게으르게 살아가는 그리스도인들이 있습니다. 이것은 사람이 예수 안에서 자유인이 되었지만 워낙 오랫동안 죄의 종노릇하던 습관이 몸에 배서 여전히 종으로 사는 것과 같습니다.

예수 믿는 우리에게 하나님은 성령을 주셨습니다. 성령은 이 부분에서도 우리를 도와주십니다. 성령이 우리의 눈을 열어 일이 형벌이 아니라 하나님의 선물인 것을 알려 주십니다. 성령이 우리로 하여금 일을 즐겁게 하시고, 일하고 싶어 가슴 뛰게 하십니다. 또한 일할 수 있는 힘과 일을 잘 할 수 있는 지혜도 주십니다.

하찮은 일은 없다

일에 귀천이 없다는 말은 단순한 수사적인 표현이 아닙니다. 일은 다름으로 구분해야지 귀천으로 구분해서는 안 됩니다. 우리 모두, 각각 하고 있는 일이 다를 뿐입니다. 손으로 하는 일, 몸으로 하는 일은 천하고 머리로 하는 일은 귀하다는 생각에서 벗어나야 합니다. 손으로 하는 일이 얼마나 귀한 것인가를 보여 주는 말씀을 하나 소개합니다.

"³⁰모세가 이스라엘 자손에게 이르되 볼지어다 여호와께서 유다 지파 훌의 손자요 우리의 아들인 브살렐을 지명하여 부르시고 ³¹하나님의 영을 그에게 충만하게 하여 지혜와 총명과 지식으로 여러 가지 일을 하게 하시되 ³²금과 은과 놋으로 제작하는 기술을 고안하게 하시며 ³³보석을 깎아 물리며 나무를 새기는 여러 가지 정교한 일을 하게 하셨고 ³⁴또 그와 단 지파 아히사막의 아들 오홀리압을 감동시키사 가르치게 하시며 ³⁵지혜로운 마음을 그들에게 충만하게 하사 여러 가지 일을 하게 하시되 조각하는 일과 세공하는 일과 청색 자색 홍색 실과 가는 베 실로 수 놓는 일과 짜는 일과 그 외에 여러 가지 일을 하게 하시고 정교한 일을 고안하게 하셨느니라."출 35:30-35

이것은 바울도 많이 강조했습니다. 바울은 로마교회를 향해 "⁴우리가 한 몸에 많은 지체를 가졌으나 모든 지체가 같은 기능을 가진 것이 아니니 ⁵이와 같이 우리 많은 사람이 그리스도 안에서 한 몸이 되어 서로 지체가 되었느니라"롬 12:4-5라고 전제하고 "⁶우리에게 주신 은혜대로 받은 은사가 각각 다르니 혹 예언이면 믿음의 분수대로, ⁷혹 섬기는 일이면 섬기는 일로, 혹 가르치는 자면 가르치는 일로, 8혹 위로하는 자면 위로하는 일로, 구제하는 자는 성실함으로, 다스리는 자는 부지런함으로, 긍휼을 베푸는 자는 즐거움으로 할 것이니라" 롬 12:6-8라고 권면했습니다.

머리로 하는 일이나 손으로 하는 일이나 다 귀합니다. 일하는 것은 자랑스러운 일입니다. 일하지 않는 것이 부끄러운 일입니다. 하찮은 일을 한다고 하찮은 사람이 되는 것이 아닙니다. 오히려 그 일을 하찮게 여기고, 일하지 않으면 하찮은 사람이 될 수 있습니다.

우리는 지금 할 수 있는 일, 해야 할 일을 해야 합니다. 요셉은 애굽에서 남의 집 가정 총무로 일했습니다. 요셉은 아버지의 총애를 받고 자란 족장의 아들임에도 남의 집 가정 총무 일을 열심히 했습니다. 사람들이 보기에 하찮게 보이는 그 일에 최선을 다했습니다. 자신에게 주어진 일을 하찮다 여기지 않고 성실하게 하는 사람에게 하나님은 일을 맡기십니다. 그래서 하나님은 요셉에게 애굽의 총리 일을 맡기셨습니다. 남의 집 가정 총무 일은 하찮게 여기고 하지 않으면서 애굽의 총리 일만 하려고 했다면, 그는 총리 일은 물론이고 남의 집 가정 총무 일도 제대로 못 했을 것입니다.

요셉, 다윗, 모세, 바울. 우리는 이 위대한 사람들이 위대한 일을 했을 것이라고 생각합니다. 그런데 자세히 살펴보면 지극히 작아 보이는 일, 평범한 일, 하찮아 보이는 일을 했습니다. 이들이 했던 일은 지금 우리가 하는 일과 같은 일상적인 일이었습니다. 이들은 자신에게 맡겨진 일이 어떤 일이든 그 일에 충성했습니다. 맡겨진 일에 충성한 사람을 하나님이 위대하게 높여 주신 것입니다.

적은 일에 충성한 사람에게 많은 일을 맡기신다

"착하고 충성된 종아 네가 적은 일에 충성하였으매 내가 많은 것을 네게 맡기리니 네 주인의 즐거움에 참여할지어다." 마 25:21

이 말씀은 우리가 너무나 잘 아는 말씀입니다. 우리는 이 말씀을 통해 하나님을 배웁니다. 하나님은 적은 일을 맡겨 보신 후에 많은 것을 맡기시는 분입니다. 적은 일을 하찮다고 하지 않는 사람은 결코 많은 일, 큰일을 할 수 없습니다. 하나님께서 그에게 많은 일을 맡기지 않으시기 때문입니다.

하나님은 백만 원을 맡겨 보신 후에 천만 원을 맡기십니다. 그리고 일억 원을 맡기십니다. 처음부터 일억 원이라는 큰돈을 맡기는 것이 그에게 복되지 않는다는 것을 하나님이 아시기 때문입니다. "처음에 속히 잡은 산업은 마침내 복이 되지 아니하느니라." 잠 20:21 하나님은 속히 부하게 하시는 분이 아닙니다. '대박 인생'을 꿈꾸는 사람들이 있습니다. 단번에 부자가 되려고 하는 사람들입니다. 성경은 이런 이들을 향해 경고합니다. "충성된 자는 복이 많아도 속히 부하고자 하는 자는 형벌을 면하지 못하리라." 잠 28:20

많은 일을 하기 원하면 적은 일에 충성해야 합니다. 큰일을 하기 원하면 작은 일에 충성해야 합니다. 위대한 일을 하기 원하면 하찮은 일에 충성해야 합니다. 직원으로 충성한 사람이 사장이 됩니다. 직원의 일은 소홀히 하면서 그 회사 사장이 될 생각만 하는 것은 어리석은 일입니다. 그것은 그야말로 공상에 불과합니다.

하나님을 만난 사람, 예수님을 믿는 사람은 일을 충성되게 합니다. 그 일이 크다 작다 하지 않고 주어진 일, 맡겨진 일을 열심히 합니다. 마지못해 일하는 것이 아니라 기쁘게 합니다. 복음이 전해지는 곳마다 나타나는 공통적인 역사가 있습니다. 사람들이 일하기 시작합니다. 일하지 않던 사람들이 일합니다. 게으르고 무위도식하던 사람들이 부지런히 일합니다.

하나님은 일하는 사람에게 일을 맡기신다

하나님이 일을 맡긴 사람들의 공통점은 '일하는 사람들'입니다. 모세가 출애굽의 지도자로 부름받을 때 그는 양을 치고 있었습니다. 다윗이 이스라엘의 왕으로 기름 부음을 받을 때 그도 양을 치고 있었습니다. 엘리사가 선지자로 부름받을 때 그는 밭을 갈고 있었습니다. 베드로와 안드레, 야고보와 요한이 사도로 부름받을 때 그들은 고기를 잡고 있었습니다. 마태가 사도로 부름받을 때 그는 세관에서 일하고 있었습니다.

일하기 원하면 일해야 합니다. 하나님은 일하는 사람들에게 일을 맡기십니다.

2장

일의 종류

● 세상에는 일이 많습니다. 일은 크게 자기 일과 남의 일로 나눌 수 있습니다. 자기 일과 남의 일만 구분되어도 인생의 혼란은 많이 줄어듭니다.

자기 일이 있다

세상에 있는 일이 다 자기 일은 아닙니다. 그 많은 일 중 하나님이 내게 맡기신 일이 있습니다. 그 일이 '자기 일'입니다. 우리는 그 일을 해야 합니다. 그러기 위해서는 먼저 자기 일이 무엇인지 알아야 합니다. 자기 일을 알아 가는 과정을 다른 말로 하면 사명을 알아 가는 과정이라고 할 수 있습니다.

자기 일은 계속 생깁니다. 늘어납니다. 결혼하면 남편의 일이 생깁니다. 아내의 일이 생깁니다. 자녀를 낳으면 아버지의 일이 더해지고 어머니의 일이 더해집니다. 회사에 들어가면 또 일이 생깁니다.

일 중에 내 일이 있고 남의 일이 있습니다. 어디를 가든지 우리는 그 가운데 자기 일을 찾아 그 일을 해야 합니다. 회사에 들어갔다면 회사가 내게 맡긴 일을 해야 합니다. 학생이라면 공부하는 일을 해야 합니다. 교수로 임용되면 가르치는 일을 해야 합니다. 이사장으로 부임하면 학교를 운영하는 일을 해야 합니다. 자기 일을 해야 합니다. 각각 자기 일을 해야 합니다. 남의 일이 아닌 자기 일을 해야 합니다.

자기 일을 하는 것을 이기적이라고 오해하지 말아야 합니다. 자기 일을 하는 것은 하나님의 말씀에 순종하는 것이고 충성하는 것입니다. 하나님이 각 사람에게 맡기신 자기 일을 각자가 충성되게 하면 하나님이 그것을 모아 아름다운 세상을 만드십니다.

자기 일은 하지 않으면서 남의 일을 하려고 하는 것은 안타까운 일입니다. 학생으로 학교에 가서 선생님을 가르치려

하고, 사원으로 입사해서 회사를 경영하려고 하는 것은 사리에 맞지 않는 일입니다. 그 일이 나중에 자기 일이 될지 몰라도 지금은 아닙니다. 학생에게 지금은 공부하는 것이 자기 일이고, 회사원에게 지금은 맡겨진 업무를 열심히 처리하는 것이 자기 일입니다.

하나님은 한 사람에게 모든 일을 다 맡기시지 않습니다. 사람들 각각에게 일을 맡겨 그 일을 하나로 만드십니다. 우리는 하나님을 믿고 우리 자신에게 하나님이 맡기신 일에 충성해야 합니다. 자기 일이 무엇인지 알고, 그것에 집중해야 합니다.

본질적인 자기 일이 있다

자기 일 중에 그 누구도 대신할 수 없는 일이 있습니다. 그것이 자기 일의 본질입니다.

아내가 할 수 있는 일은 많습니다. 밥하기, 빨래하기, 청소하기, 아이 돌보기 등. 결혼한 후에 갑작스럽게 많아진 일로 부부 관계가 소원해지는 경우가 있습니다. 아내 입장에서는 결혼하니 남편이 생기고 얼마 지나지 않아 아이까지 생기고

나니 갑작스럽게 늘어난 일로 몸도 마음도 지칠 수 있습니다. 그러다 보니 자연스럽게 남편에게 소홀할 수 있습니다. 부부 관계를 요구하는 남편이 야속하게 느껴질 수 있습니다. 부부 관계를 요구하는 남편이 자기 욕심만 채우려는 이기적인 사람처럼 느껴져서 멀리할 수 있습니다. 이런 경우, 아내 된 자매에게 묻습니다.

"자매님, 자매의 일 중에서 자매만이 할 수 있는 일이 어떤 일일까요? 다른 사람에게 부탁할 수도 도움을 받을 수도 없는 오직 자매만이 할 수 있는 일이 무엇인가요?"

곰곰이 생각하면서 대답을 합니다.

"밥하는 거, 빨래하는 거, 음식 준비하는 거……."

"밥하고 빨래하는 일, 맞아요. 자매님 일입니다. 그러나 정 힘들면 그것은 다른 사람의 도움을 받을 수 있습니다. 돈이 좀 들겠지만, 도우미의 도움을 받아서 해결할 수 있습니다."

"그러면, 아이 보는 거……."

"네, 그래요. 그것도 자매님의 일입니다. 자녀를 양육하는 일, 아주 중요한 자매님의 일이에요. 그러나 정 힘이 들면 아이를 보는 일도 다른 사람의 도움을 받을 수 있어요."

이쯤 되면 자매는 조금은 난감해합니다.

"그럼……."

"자매님, 남편과 부부 관계를 하는 일은 누구에게 부탁할 수 있나요?

무슨 말인지 금방 알아듣습니다.

"아내로서 이 일은 자매님 일의 본질입니다. 그 누구도 대신할 수 없고, 대신해서도 안 되는 일입니다. 그런데 지금 자매님은 다른 일로 몸과 마음이 힘들다고 그 일을 거부하고 있는 겁니다. 부부 관계를 갖는 것은 남편과 아내의 본질적인 일입니다."

일 중에 자기 일이 있습니다. 자기 일 중에도 본질적인 일이 있습니다. 자기가 아니면 할 수 없는 일입니다. 그 일을 우선해야 합니다.

남의 일이 있다
남의 일은 간섭하지 말라

베드로전서 4장에 이런 말씀이 있습니다.

"[12]사랑하는 자들아 너희를 연단하려고 오는 불 시험을 이상한 일 당하는 것 같이 이상히 여기지 말고 [13]오히려 너희가

그리스도의 고난에 참여하는 것으로 즐거워하라."벧전 4:12-13

"15너희 중에 누구든지 살인이나 도둑질이나 악행이나 남의 일을 간섭하는 자로 고난을 받지 말려니와 16만일 그리스도인으로 고난을 받으면 부끄러워하지 말고 도리어 그 이름으로 하나님께 영광을 돌리라."벧전 4:15-16

고난에 참여하는 것으로 기뻐하라는 것이 이 말씀의 요지입니다. 베드로는 이 말씀을 통해 '고난을 기쁨으로 받으라. 그러나 살인, 도적질, 악행, 남의 일을 간섭하는 것으로는 고난 받지 말라'고 가르치고 있습니다. 이 말씀 속에서 우리는 '남의 일이 있다. 남의 일을 간섭하지 말라. 남의 일을 간섭하면 고난을 받는다'는 것을 알 수 있습니다. 남의 일을 간섭하고 받는 고난은 성경이 받지 말라는 고난입니다.

때로 가까운 사람, 사랑하는 사람의 일을 자기 일처럼 간섭하는 경우가 있습니다. 이것이 사랑이고 의리라고 생각해서 하는 일입니다. 간섭하는 사람은 사랑으로 한다고 하지만 간섭 당한 상대는 그 간섭으로 마음이 불편하고 불쾌할 수 있습니다. 이렇게 되면 간섭하려던 사람은 그 사람대로 마음이 상하고, 또 간섭을 당한 사람은 그 사람대로 마음이 상합니다. 둘 다 고통스러워집니다. 이것이 남의 일을 간섭하고 받는 고난입니다. 그래서 하나님이 남의 일은 간섭하지 말라고 한 것입니다.

남의 일에 간섭하지 말라고 할 때, '남'의 범위는 어디까지일까요? 나 외에 모두가 남인가요? 여기서 말하는 남은 그 자신이 결정권을 갖고 있는 사람, 또는 내가 아닌 다른 사람의 결정권 아래 있는 사람이라고 정의할 수 있습니다. 자신의 결정권 아래 있지 않은 사람을 포괄적으로 '남'이라고 이해하면 좋을 것 같습니다.

자기 일과 남의 일을 구분해서 자기 일은 자기가 하고 남의 일은 남이 하도록 하는 것이 지혜입니다.

목회를 하다 보면 이런 물음을 던지게 될 때가 있습니다. '성도들의 집안일은 목사에게 자기 일인가, 남의 일인가? 다른 교회의 일은 남의 일인가, 자기 일인가?' 만약 목사가 성도의 집안일을 목사 일이라고 생각하면 개입하게 됩니다. 성도의 집안일에 결정권을 행사하기도 합니다. 이렇게 되면 왜 남의 집안일에 간섭하느냐는 말을 들을 수 있습니다. 그러나 목사가 그것을 '남의 일'이라고 생각하면 돕기는 하지만 간섭은 하지 않습니다. 이런 경우 목사는 결정은 하지 않고 조언만 합니다. 결정은 따라야 하지만 조언은 참고만 하면 됩니다. 이렇게 하면 '관심이 적다, 소홀하다, 소극적이다'라는 오해를 받을 수 있습니다.

직장에 다니는 사람의 경우도 마찬가지입니다. 그는 직장에서는 상사의 결정권 아래 있지만, 집에서는 그 집의 결정권자이거나 남편의 결정권 아래 있는 사람입니다. 회사의 결정권자가 그 사람의 집안일에도 결정권을 행사하려고 한다면 이것은 남의 일에 간섭하는 것이 됩니다.

우리는 주님을 위한 고난은 받아야 하겠지만, 남의 일을 간섭하는 일로는 고난 받지 말아야 합니다. 하나님이 간섭하라고 허락하신 일 외에는 간섭하지 않는 것이 지혜입니다. 남의 일을 간섭하면서 그것을 사랑이라고 우기지 말아야 합니다. 남의 일에 간섭하지 말고 그저 관심을 두고 필요한 도움을 줘야 합니다. 다른 사람을 도와줄 때도 최대한 간섭이 되지 않도록 주의를 기울일 필요가 있습니다. 돕는다고 시작한 일이 간섭이 되지 않도록 해야 합니다.

자신에게 관심을 갖고 돕기 위해 다가온 사람과 간섭하는 사람의 겉모습이 같을 수 있습니다. 하나님이 돕기 위해 보낸 사람을 간섭자로 알아 귀찮아 한다면 이것은 안타까운 일입니다. 간섭이다 싶은 것도 관심으로 받을 수 있는 여유가 있으면 삶에도 여유가 생깁니다.

남의 일을 간섭하고 고난 중에 있는 이가 있다면 억울해하지 말고 회개해야 합니다. 남의 일을 간섭한 것을 회개하고 남의 일은 남이 하도록 해야 합니다. 그러면 애꿎게 받는 고난 가운데서 벗어날 것입니다. 혹시 다른 사람이 자신의 일에 간섭하는 것 때문에 힘들어 하는 이가 있다면, 그 사람을 용서하고 고난에서 벗어나야 합니다. 그러나 마땅히 간섭받아야 할 일로 간섭받고 힘들어 한다면 오히려 회개해야 합니다. 간섭받기를 싫어하는 교만을 버려야 합니다.

결정권자의 간섭은 받아야 한다

우리는 마땅히 받아야 할 간섭은 받아야 합니다. 하나님이 우리를 간섭하기 위해 세우신 사람들이 있습니다. 결정권자는 그가 결정권을 가진 사람과 일에 대해 간섭하는 것을 공적으로 허가받은 사람입니다. 더 나아가 이것은 그에게 주어진 일입니다. 사명입니다. 하나님이 우리를 위해 세우신 결정권자들에게 하나님은 우리를 간섭할 권한을 주셨습니다. 우리는 그 간섭을 마땅히 받아야 합니다. 회사에서 사장이 부장의 일에 간섭을 한다고 왜 간섭하느냐고 짜증 내서는 안 됩니다. 사장은 그 회사의 모든 일을 간섭할 수 있는 권리가 있는 사람입니다. 부모는 자녀가 결혼한 후에는 결정권을 넘겨주고 간섭하지 말아야 하지만 결혼하기 전까지는 그 자녀에 대해 간섭할 수 있는 공적 자격을 하나님께 받았습니다. 이 간섭은 받아야 합니다.

재정 지원을 받는 경우, 재정과 간섭 둘 다 받아야 합니다. 돈은 받고 간섭은 받지 않겠다는 경우가 있습니다. 돈을 받았으면 간섭도 받아야 합니다. 그 돈을 어디에 어떻게 썼는지 궁금해하면 알려 줘야 합니다. 그 돈의 용도에 대해 돈을 지원한 사람이 의견을 내면 반영해야 합니다. 간섭을 받고 싶지 않다면 재정 지원을 받지 말아야 합니다. 간섭 없이 돈만 지원해 달라고 하는 것은 무리한 요구일 수 있습니다.

재정 지원을 하는 경우, 가능하면 간섭을 최소화하는 것이 필요입니다. 믿을 수 없는 사람에게 재정 지원을 하고 계속해서 의구심이 들어 이것저것 간섭하는 것보다 오히려 그를 신뢰할 수 있을 때까지 기다렸다 재정 지원을 하는 것이 현명합니다. 지나치게 간섭하면 재정은 재정대로 지원하고 미움은 미움대로 받을 수 있습니다. 신뢰할 수 있는 사람, 잘 할 수 있는 사람에게 맡기는 것이 간섭을 최소화할 수 있는 방법입니다.

위임한 사람이 위임한 일에 대해 간섭하는 경우가 있습니다. 위임받은 사람의 입장에서는 그의 결정권 아래 있기 때문에 그의 간섭을 받는 것이 당연하지만, 위임받은 일을 간섭받으면 내 일을 남이 간섭할 때와 같은 불편함이 있을 수 있습니다. "일을 맡기지 말든지, 맡겼으면 간섭을 하지 말든지. 이게 뭐야." 화가 날 수도 있습니다. 위임하는 사람은 위임한 일에 대해 간섭할 때 위임받은 사람 마음이 이럴 수 있음을 감안해야 합니다. 위임해 준 일을 간섭하면 위임받은 사람은 자신이 무능하고 부족하기 때문에 생긴 일이라고 이것을 오해하고 힘들어 할 수 있습니다. 위임한 사람은 가능하면 위임한 일에 대해서는 위임받은 사람이 그 일을 처리 할 수 있도록 기다려 주고 배려해 줄 필요가 있습니다.

위임받은 사람은 나에게 위임해 준 사람은 언제든지 그 위임한 일을 거둘 수도 있고 바꿀 수도 있고 직접 나서서 처리할 수도 있다고 생각하고 위임받은 일에 대해 언제든지 간섭받을 마음과 자세를 가질 필요가 있습니다. 위임한 사람의 간섭을 자신에 대한 불신이나 무능력이라고 단정할 필요는 없습니다. 그것은 위임한 사람의 기질일 수도 있고, 새로운 상황이 발생했을 수도 있고, 더 좋은 아이디어가 떠올랐기 때문일 수도 있습니다. "나는 위임받은 일에 대해 언제든지 위임자의 간섭을 받을 준비가 되어 있다." 이래야 상사를 미워하지 않고 직장 생활을 할 수 있습니다.

하나님은 우리를 간섭하십니다. 때로 하나님은 전후 사정을 설명도 하지 않으시고 우리 인생에 간섭하실 때가 있습니다. 갑자기 나타나셔서 아무 설명도 없이 "너희 고향과 친척과 아버지의 집을 떠나 내가 네게 보여 줄 땅으로 가라"창 12:1고 하시기도 합니다. 하나님의 간섭은 받아야 합니다. 하나님이 가나안 땅을 큰 민족으로 만드실 준비를 해 놓으시고 하는 간섭입니다. 하나님의 간섭은 기쁨으로 받아야 합니다. 하나님의 간섭을 받으면 잘됩니다. 좋아집니다.

남의 일을 돌아보라

남의 일을 간섭하지 말라는 말을 남의 일을 돌아보지 말라는 말로 이해해서는 안 됩니다. 도무지 남의 일에는 관심이 없는 사람이 이 말씀을 듣고 나는 성경대로 하고 있다고 오해하는 일은 없어야 합니다. 성경은 남의 일에 간섭하지 말라고 분명히 가르칩니다. 하지만 성경은 동시에 남의 일을 돌아보라고 가르칩니다.

"¹그러므로 그리스도 안에 무슨 권면이나 사랑의 무슨 위로나 성령의 무슨 교제나 긍휼이나 자비가 있거든 ²마음을 같이하여 같은 사랑을 가지고 뜻을 합하며 한마음을 품어 ³아무 일에든지 다툼이나 허영으로 하지 말고 오직 겸손한 마음으로 각각 자기보다 남을 낫게 여기고 ⁴각각 자기 일을 돌볼뿐더러 또한 각각 다른 사람들의 일을 돌보아 나의 기쁨을 충만하게 하라."빌 2:1-4

현대인의 성경은 다른 사람의 일을 돌아보라는 말씀을 "자기 이익만 생각하지 말고 남의 이익도 생각하십시오"라고 번역했습니다. 자기 실속만 차리지 말고 다른 사람에게 관심을 갖고 그들을 도우라는 말씀입니다. 남의 일과 관련한 성경의 지침은 '남의 일에 간섭은 하지 말되, 남의 일에 관심을 갖고 도우라'입니다.

어떤 사람이 강도를 만나 모든 것을 빼앗기고 쓰러져 있다면 도와야 합니다. 이 상황에 이것은 나와 상관없는 남의 일이라고 그냥 지나쳐서는 안 됩니다. 예수님은 강도 만난 자의 이웃에 대해 사마리아 사람을 예로 들면서 그리스도인인 우리가 어떻게 해야 할지를 일러주셨습니다. 사마리아 사람이 강도 만난 사람을 도와준 것처럼 너희도 가서 이와 같이 하라고 하셨습니다. 도움이 필요한 사람이 있는데, 그것은 내 일이 아니라고, 나와 상관없는 일이라고 하면서 애써 그들을 외면하는 사람들에 대해 하나님은 성경 곳곳에서 엄히 꾸짖고 계십니다.

그리스도인은 자기 유익만 추구하는 삶을 살지 않습니다. 자기 일만 하며 살지 않습니다. 다른 사람 일도 합니다. 다른 사람을 섬기는 일도 합니다. 다른 사람을 위한 일을 일반적으로 봉사라고 합니다.

간혹 사람들이 자신에게 관심을 갖는 것 자체를 싫어하는 분들도 있습니다. 이것은 지나친 자기방어입니다. 사람 사는 세상에서 관심이 사라지면 삭막함만 남습니다. 서로에게 관심을 갖되 간섭하지 않는 이 성경적 관계가 남과의 관계가 되어야 합니다.

3장
그리스도인의 일 처리 지침

● 성경에는 구원에 이르는 진리뿐 아니라 이 세상을 사는 지혜도 가득합니다. 그중에는 일 처리 지침도 있습니다. 예수를 믿는 우리에게 성경은 인생 지침서이자 일 처리 지침서입니다.

모든 일에 원망과 시비가 없이하라

하나님은 빌립보서를 통해 "모든 일을 원망과 시비가 없이 하라"빌 2:14고 말씀하십니다. 이것은 하나님이 주신 일 처리

지침입니다. '모든 일'을 주목할 필요가 있습니다. 가정 일이든, 직장 일이든, 교회 일이든, 사회 일이든, 국가 일이든 모든 일을 원망과 시비가 없도록 처리하는 것이 일 처리의 기본이 되어야 합니다.

  이렇게 해야 하는 이유는 원망과 시비가 생기면 그것이 곧 갈등과 분쟁으로 이어지기 때문입니다. 갈등과 분쟁 비용은 천문학적입니다. 갈등과 분쟁에는 유형의 비용과 무형의 비용이 발생합니다. 돈으로 지급하는 소송비용만 발생하는 것이 아닙니다. 손상된 이미지와 건강 악화, 허비된 시간, 지옥 같은 날을 보내는 것과 같은 무형의 비용도 발생합니다. 어떤 경우는 몇 십 년 동안 쌓은 명예를 분쟁 비용으로 내기도 합니다. 그 무너진 명예를 다시 회복하려면 수년 혹은 수십 년의 시간과 노력과 물질이 필요합니다. 그렇다고 해서 원상태로 회복된다는 보장도 없습니다. 갈등과 분쟁으로 몸과 마음이 망가지는 경우도 있습니다. 오랜 갈등과 분쟁을 거치고 나서 얻은 것은 병밖에 없다는 후회와 푸념을 듣기도 합니다. 이 병을 고치는데 드는 비용은 얼마일까요? 비용을 들여서라도 고칠 수만 있다면 그나마 다행입니다. 이런 모든 것들을 비용으로 환산해 보면 갈등과 분쟁 비용은 엄청납니다. 갈등과 분쟁은 피해야 합니다. 그래서 바울은 디모데에게 이렇게 엄히 명했습니다.

"너는 그들로 이 일을 기억하게 하여 말다툼을 하지 말라고 하나님 앞에서 엄히 명하라 이는 유익이 하나도 없고 도리어 듣는 자들을 망하게 함이라." 딤후 2:14

원망과 시비는 갈등과 분쟁의 전 단계입니다. 갈등과 분쟁이 열매라면 원망과 시비는 씨입니다. 빌립보교회를 향한 바울의 권면은 모든 일을 처리할 때 갈등과 분쟁의 씨를 심지 말라는 것입니다. 우리는 이 권면을 마음에 새겨야 합니다. 모든 사람이 만족하도록 일을 처리하기는 쉽지 않습니다. 그러나 최대한 원망과 시비가 없도록 일을 처리해야 합니다.

바울이 빌립보교회를 향해서 모든 일을 원망과 시비가 없이 하라고 권면하면서 그 이유를 "너희가 흠이 없고 순전하여 어그러지고 거스르는 세대 가운데서 하나님의 흠 없는 자녀로 세상에서 그들 가운데 빛들로 나타내며" 빌 2:15라고 설명했습니다. 어그러지고 거스르는 세대, 빛이 필요한 어두운 세상에서 빛으로 나타나기 위해서 다투지 말아야 합니다. 분쟁에 휩싸이면 어그러지고 거스르는 세대에게 오히려 책망을 듣게 되고, 빛이 필요한 어두운 세상으로부터 오히려 질책을 받게 됩니다. 어그러지고 거스르는 세대 가운데서 빛이 되기 위해서는 모든 일을 원망과 시비가 없이 해야 합니다.

사람 중에는 원망과 시비가 습관이 되어 몸에 밴 사람도 있습니다. 모든 일에 원망으로 반응하고 시비를 거는 사람입니다. 이런 경우는 원망하고 시비하는 습관 병이 낫기를 위해 기도해야 합니다. 원망과 시비하지 말아야 합니다. 또한, 원망과 시비가 생기지 않도록 일을 처리해야 합니다. 일을 원망과 시비가 생길 수밖에 없도록 처리한 후에 그렇게 반응하는 사람들을 향해 '왜 원망하느냐, 왜 시비하느냐'고 한다면 이것은 어이없는 일입니다.

바울은 빌립보교회 성도들에게 세상의 빛이 되기 위해 너희를 세운 것이 헛되지 않도록 해달라고 부탁했습니다. 갈등과 분쟁이 생기면 바울의 수고가 헛된 일이 됩니다. 싸우면서 세상의 빛이 될 수는 없기 때문입니다. 바울은 이어 빌립보교회 성도들에게 천국에 가서 예수님을 뵐 때 너희를 자랑할 수 있게 해달라고 부탁했습니다. 바울이 예수 그리스도 앞에서 자랑하고 싶었던 것은 사람의 수도, 건물의 크기도, 예산의 규모도, 성과와 실적도 아니었습니다. 모든 일을 원망과 시비가 없이 처리하는 것이었습니다.

일

다툼이 없이 일하기 위해서는 함께 일하는 사람들을 존중해야 합니다. 오직 겸손한 마음으로 각각 자기보다 남을 낫게 여겨야 합니다. 함께 일하는 사람과 마음을 같이하고 같은 사랑을 가지고 뜻을 합하여 한마음을 품어야 합니다. 하나님은 우리가 다툼이나 허영으로 일하기를 원치 않으십니다. 그래야 이것이 공동체의 기쁨이 되고 그 일을 맡긴 자에게 기쁨이 되기 때문입니다. 이렇게 일을 해야 그 일을 맡기신 하나님께 기쁨이 됩니다.

경쟁하지 말고 충성하라

경쟁은 겨룰 경競에 다툴 쟁爭입니다. 겨루고 다투는 것이 경쟁입니다.

일하기 위해서는 힘이 필요합니다. 많은 사람들이 사람은 경쟁 구도 속에서 열심을 낸다고 생각합니다. 그러다 보니 사람의 열심을 끌어내는 방법으로 선호하는 것이 경쟁입니다. 실제로 사람은 경쟁을 시키면 열심을 냅니다. 단기간에 성과가 납니다. 그러나 그것은 오래가지 못합니다. 얼마 지나지 않아 경쟁에서 나오는 힘은 고갈됩니다. 급기야는 아무리 경쟁을 시켜도 성과가 나지 않는 지경에 이릅니다. 그러면 사람을 바꿉니다. 그리고 또 경쟁을 시킵니다. 경쟁력이 있어야 한다며 몰아갑니다. 모든 것을 경쟁력으로 평가합니다. 사람을 바꾸어야 하는 주기가 점점 짧아집니다. 60대에서 50대로, 50대에서 40대로.

이 시대를 치열한, 피 말리는 경쟁 시대라고 말합니다. 그렇습니다. 경쟁은 피를 말리는 일입니다. 피가 마르는데 사람이 성할 리가 없습니다. 경쟁은 사람을 상하게 합니다. 탈진시킵니다. 그 경쟁을 통해 얻은 것이 무엇인가요? 어쩌면 순간의 성취감은 맛볼지 모릅니다. 어쩌면 약간의 성과급을 받을지 모릅니다. 어쩌면 사람들의 눈에 성공한 것으로 보일지 모릅니다. 그러나 이 과정에 몸도 마음도 관계도 다 상합니다. 주변에 있는 사람들 모두가 경쟁자인데 그들과의 관계가 좋을 리 없습니다. 주변에 있는 사람들이 떠납니다. 오직 하나 성공하기 위해, 경쟁에서 살아남는 자만이 성공할 수 있다고 생각했기에 모든 걸 다 희생시킨 결과입니다.

영어 성경(NASB)으로 읽은 전도서 4장 4절입니다.

"I have seen that every labor and every skill which is done is the result of rivalry between a man and his neighbor This too is vanity and striving after wind."

표준새번역성경에서는 이 말씀을 이렇게 번역했습니다.

"온갖 노력과 성취는 바로 사람끼리 갖는 경쟁심에서 비롯되는 것임을 나는 깨달았다. 그러나 이 수고도 헛되고, 바람을 잡으려는 것과 같다."

경쟁이 동기가 되어 이룬 온갖 노력과 성취는 바람을 잡으려는 수고, 헛수고와 같다는 말입니다. 이 말씀에 나오는 '성취skill'를 구약성경을 기록한 원어로 보면 '성공'입니다. 경쟁을 통해 얻은 성공은 헛된 것이라는 말입니다. 왜냐하면 그가 혹시 경쟁을 통해 명성을 얻고 재물을 얻고 지위를 얻었는지는 모르지만 가장 중요한 사람을 잃었기 때문입니다.

사람들이 고민하기 시작했습니다. 경쟁으로 더 나은 세상을 만들 수 있다고 생각하고 열심히 경쟁하며 경쟁시키며 살았는데, 더 나은 세상이 아니라 덧없는 세상을 맞이한 것입니다. 그렇게 경쟁해서, 그야말로 치열하게 경쟁해서 공부하고 일해서 얻은 결과가 과연 행복인가 하는 회의가 생긴 것입니다. 다행스러운 일입니다.

경쟁의 폐해를 깨닫고 경쟁 없는 세상 만들기를 주창하는 사람들이 있습니다. 이것을 고무적으로 평가하는 이들도 있지만 우려하는 이들도 있습니다. 여러 사례들로 경쟁하지 않고, 경쟁시키지 않아도 사람들은 자기 일을 열심히 할 것이라는 가정이 깨어졌기 때문입니다. 경쟁하지 않도록 하면 행복하기도 하고 발전도 할 것으로 기대했지만, 오히려 결과는 여러 면에서 퇴보하는 것으로 나타났기 때문입니다. 이런 이유로 경쟁 체제를 유지하거나 강화해야 한다는 주장이 힘을 받고 있습니다.

경쟁을 시키는 사람들은 '경쟁시키지 않아도 자신의 일을 열심히 한다면 경쟁시킬 이유가 없다'며 경쟁시키는 이유를 '경쟁을 시켜야 열심히 일하고 경쟁을 시키지 않으면 열심을 내지 않기 때문'이라고 말합니다. 이것이 교육정책을 담당하는 당국자들의 고민이고, 기업을 경영하는 기업가들의 고민입니다. 그래서 경쟁시킬 수밖에 없다고 합니다. 어쩔 수 없이 택하는 고육지책이랍니다. 그들도 누가 경쟁을 시키고 싶어서 시키느냐고 하소연합니다. 경쟁시키지 않으면 도무지 일하지 않는데, 열심을 내지 않는데 달리 대책이 없지 않느냐고 하소연합니다. 그대로 두면 한없이 게을러지고 퇴보하는데 어떻게 그냥 둘 수 있느냐고 반문합니다. 그 말도 이해는 됩니다. 이런 경우라면 경쟁시키는 것이 최선은 아니지만, 차선은 될 수 있을지 모릅니다.

그러나 우리는 차선이 아닌 최선을 추구해야 하는 이유가 있습니다. 경쟁을 하면서는 이 땅에서 천국을 경험하며 살기가 쉽지 않기 때문입니다.

경쟁하지 않고, 경쟁시키지 않아도 열심히 일할 수 있다면, 얼마나 좋을까요? 가장 이상적 그림입니다. 이런 길이 있다면 경쟁시키지 않아도 되고 경쟁에 내몰리지 않아도 됩니다. 과연 그런 길이 있을까요?

사람은 경쟁해야만 열심을 내는 존재가 아닙니다. 많은 사람이 열심의 동기를 경쟁에서 찾지만 경쟁하지 않고도 열심을 낼 수 있는 동기가 있습니다. 예수 믿는 사람들은 공부를 하든, 회사에서 업무를 보든, 목회를 하든, 사업을 하든, 학생들을 가르치든, 무엇을 하든지 다 열심히 합니다. 예수를 믿는 사람들이 열심을 내는 동기는 경쟁이 아니라 '충성'입니다. 다른 사람과 경쟁해서 이기기 위한 열심이 아니라 자신에게 일을 맡겨 주신 하나님께 충성하기 위한 열심입니다.

이것이 정답입니다. 경쟁 에너지가 아니라 충성 에너지가 답입니다. 경쟁에서 나오는 힘이 아니라 충성에서 나오는 힘으로 일하는 것입니다. 이렇게 되면 경쟁하지 않아도 되고 경쟁시킬 필요도 없습니다. 이 충성 시스템을 갖추기 위해서는 신앙이 필요합니다. 신앙생활을 한다는 것이 전제되어야 합니다. 충성해야 할 하나님이 있어야 이것이 가능하기 때문입니다.

충성이 사람의 본성은 아닙니다. 신앙생활을 해도 우리의 본성은 여전히 게으릅니다. 보는 사람이 없으면 나태해집니다. 본성상 다른 사람과 경쟁하고 경쟁을 하면 이겨야 합니다. 우리는 날마다 이러한 우리의 본성을 성령으로 덮어야 합니다. 그래야 경쟁하지 않고 충성할 수 있습니다.

만약 신앙생활을 하고 있는데도 경쟁 상대가 없으면 게으르고 나태해지고, 경쟁 상대가 있어야 비로소 열심을 내는 스타일이라면 믿음을 달라고 구해야 합니다. 성령을 달라고 구해야 합니다.

다른 사람과의 경쟁이 동기가 아닌 하나님을 향한 충성이 동기인 열심, 사랑이 동기인 열심, 그 열심은 지치지 않습니다. 피곤하지 않고, 낙심하지 않고 탈진하지 않습니다. 오히려 그 열심 속에는 행복이 있습니다. 보람이 있습니다. 하나님을 향한 충성과 이웃을 향한 사랑이 동기가 되어 나오는 열심이 우리를 진정한 성공으로 인도합니다.

경쟁자를 만들지 말고 친구를 만들라

왠지 세례 요한을 생각하면 강한 이미지가 떠오릅니다. 광야에서 외치는 선지자, 낙타 털옷을 입고 석청과 메뚜기를 먹고 산 선지자, 헤롯 앞에서 정의를 외치고 순교한 선지자……. 아마 이런 그의 이력 때문인 것 같습니다. 이런 세례 요한이 "나는 이러한 기쁨으로 충만하였노라"요 3:29고 고백합니다. 기쁨과는 상관없이 살았을 것 같은 세례 요한이 이런 고백을 했다는 것이 놀랍습니다.

예수님이 본격적으로 활동하시기 전부터 세례 요한은 이미 당대의 위대한 선지자로 많은 사람들이 따르고 있었습니다. 요한을 따르는 제자들도 많았습니다. 그런데 문제는 예수님이 본격적으로 활동하기 시작하면서 생겼습니다. 세례 요한을 따르던 많은 사람이 예수님에게로 몰려가기 시작했습니다. 세례 요한의 제자들이 요한에게 와서 그 사실을 보고했습니다. "랍비여 선생님과 함께 요단 강 저편에 있던 이 곧 선생님이 증언하시던 이가 세례를 베풀매 사람이 다 그에게로 가더이다."요 3:26 이 말은 경쟁을 부추기는 말입니다. '선생님, 당신의 경쟁자가 나타났습니다. 사람들이 다 그 경쟁자에게로 가고 있습니다'라고 하는 것입니다.

지금도 수많은 세례 요한의 제자들은 이 시대의 세례 요한을 찾아가 경쟁을 부추깁니다. 그러나 이 말을 들은 세례 요한이 그의 제자들에게 말했습니다. "예수님은 나의 경쟁자가 아니라 나의 친구다." 세례 요한의 입에서 나온 말을 그대로 옮긴 것은 아닙니다. 세례 요한이 했던 긴 말을 한 문장으로 줄인 것입니다. 그의 말을 그대로 옮기면 이렇습니다. "신부를 취하는 자는 신랑이나 서서 신랑의 음성을 듣는 친구가 크게 기뻐하나니 나는 이러한 기쁨으로 충만하였노라."요 3:29 세례 요한은 이 말에 이어 경쟁을 부추기는 이들을 향하여 "그는 흥하여야 하겠고 나는 쇠하여야 하리라"요 3:30고 선포하며 경쟁시키는 이들의 입을 막았습니다.

세례 요한은 예수님을 경쟁자가 아니라 친구로 여겼습니다. 그리고는 친구가 누리는 기쁨을 누리며 살았습니다. 바로 이것이 세례 요한이 기쁨 충만한 인생을 살 수 있었던 비결입니다. 경쟁자가 아닌 친구만이 누릴 수 있는 기쁨이 세례 요한에게 있었습니다. 자기가 하는 일 가운데서 즐거움을 누리며 살기 원하면 경쟁자가 아니라 친구를 만들어야 합니다. 지인들을 다 친구로 만들어야 합니다.

만나는 사람들을 모두 경쟁자로 만드는 사람이 있습니다. 사울 왕이 여기 해당됩니다. 골리앗을 쓰러뜨린 다윗을 그가 동역자로 삼았다면 그의 인생이 어떠했을까를 생각해 봅니다. 하나님이 좋은 사람 다윗을 붙여 주셨지만 그는 그를 경쟁자로 만들어 버렸습니다. 그의 인생은 다윗을 이기려는 몸부림으로 점철되었습니다. 초라해졌습니다. 비참해졌습니다. 사울 주변에는 사람들이 없었습니다. 사람들이 그를 떠났기 때문입니다.

사울과 같은 사람은 사람을 만나면 일단 경쟁 구도를 만듭니다. 그리고 이기려고 합니다. 이런 사람이 학교를 가면 친구들을 경쟁자로 만듭니다. 회사에 들어가서는 동료들을 경쟁자로 만듭니다. 가는 곳이 어디든, 누구를 만나든 모든 사람이 경쟁 상대입니다. 사회나 제도가 만든 경쟁 구도도 있지만, 스스로 만든 경쟁 구도도 있습니다. 주변이 온통 경쟁자들로 가득한 인생은 피곤하고 고독합니다. 힘이 듭니다.

그와 반대로 만나는 사람들을 모두 동역자로 만드는 사람이 있습니다. 다윗 같은 경우입니다. 다윗 주변에는 늘 사람들이 모였습니다. 사울을 피해 도망 다닐 때도 사람들이 그 주변으로 모여들었습니다. 그 사람들은 후에 이스라엘의 주요 지도자들이 되었습니다. 다윗이 소년일 때 왕자 요나단을 만났습니다. 다윗은 요나단을 동역자로 삼았습니다. 후에 요나단은 다윗이 생명의 위협을 느낄 때 그의 생명을 구해 주었습니다. 주변에 나를 진심으로 도와주고 아껴줄 동역자가 있는 사람은 행복합니다. 기쁩니다.

예수님은 만나는 사람을 동역자로 만든 대표적인 모델입니다. 제자들이 예수님을 만났습니다. 그들은 예수님과 동역했습니다. 예수님을 만난 마리아와 마르다도 예수님의 동역자가 되었습니다. 우리도 예수님을 만났습니다. 예수님을 만난 후에 우리는 예수님의 동역자가 되었습니다. 예수님은 우리로 하여금 자원하여 동역자가 되게 하셨습니다. 그분은 우리를 사랑하셨습니다. 용서해 주셨습니다. 기다려 주셨습니다. 좋은 것으로 주셨습니다. 용납해 주셨습니다. 쉼을 주셨습니다. 품어 주셨습니다. 기회를 주셨습니다. 경쟁시키지 않으셨습니다. 인정해 주셨습니다. 가르쳐 주셨습니다. 훈련시켜 주셨습니다. 이것이 우리 곁에 있는 사람들을 동역자로 만드는 길입니다. 우리도 지인들에게 이렇게 하면 그들이 우리의 동역자가 될 것입니다.

관리가 필요 없는 사람이 되라

요셉은 구약성경에 나오는 인물입니다. 그는 족장의 아들로 태어났습니다. 열두 아들 가운데 요셉은 유난히 아버지의 총애를 받았습니다. 이런 요셉을 형들은 미워했습니다. 어느 날 형들은 요셉을 애굽에 팔아 버렸습니다. 요셉은 하루아침에 족장의 총애를 받던 아들에서 남의 집 종이 되었습니다. 그것도 남의 나라에서. 요셉을 산 사람은 그를 가정 총무로 삼았습니다.

요셉이 보디발의 집에서 가정 총무 일을 하고 있을 때 그가 어떻게 일했는지가 성경에 기록되어 있습니다. 보디발은 요셉을 가정 총무로 삼고 자기 소유를 다 그 손에 위임했습니다. 성경은 보디발이 그 소유를 다 요셉의 손에 위임하고 자기 식료 외에는 간섭하지 아니하였다고 기록하고 있습니다. 보디발은 자기 소유를 다 요셉의 손에 위임하고 그에게 맡긴 것은 간섭하지 않았습니다. 관리하지 않았다는 말입니다.

요셉의 주인이 출장을 갔습니다. 그 집 안주인이 남편이 출장 간 틈을 타서 요셉을 유혹했습니다. 눈짓하며 동침하자고 했습니다. 요셉은 그 유혹을 거절했습니다. 그러자 그녀는 요셉이 자기를 겁탈하려 했다는 누명을 씌워 감옥으로 보냈습니다. 요셉의 수감 생활이 성경에 기록되어 있습니다.

"²²간수장이 옥중 죄수를 다 요셉의 손에 맡기므로 그 제반 사무를 요셉이 처리하고 ²³간수장은 그의 손에 맡긴 것을 무엇이든지 살펴보지 아니하였으니." 창 39:22-23

간수장은 그의 손에 맡긴 것은 무엇이든지 돌아보지 아니하였습니다. 보디발이 했던 것과 같이 간수장도 요셉을 관리하지 않았습니다. 요셉은 언제 어디서 누가 그의 머리가 되든지 자신에게 주어진 일을 성실하게 했습니다.

무엇이 요셉으로 하여금 이렇게 하게 했을까요? 이것이 우리의 관심사입니다. 족장의 아들에서 남의 집 종이 된 것만큼 갑작스러운 신분과 환경의 변화도 없을 것 같습니다. 보통 이렇게 되면 낙심하고 낙담하여 의욕을 잃습니다. 예전 족장의 아들이었을 때를 그리워하며 한숨 쉬고 멍하니 하늘만 바라보기 십상입니다. 일이 손에 잡히지 않을 수도 있습니다. 그런데 요셉은 그런 상황에서도 주인이 간섭하지 않을 정도로 성실하게 일했습니다. 요셉은 전천후 성실한 사람이었습니다.

요셉의 이 성실함의 원천은 무엇일까요? 이것을 유추할

수 있는 것이 성경에 기록되어 있습니다. 그것은 하나님이 요셉과 함께했다는 사실입니다. 하나님이 요셉과 함께했다는 말은 곧 요셉이 하나님과 함께했다는 말입니다. 요셉의 삶에는 늘 하나님이 계셨습니다. 애굽에 팔려 갈 때도, 억울한 누명을 쓰고 감옥에 들어갈 때도, 그는 늘 하나님과 함께 했습니다.

요셉은 늘 하나님 앞에서 살았습니다. 그는 보디발의 가정 총무 일을 하나님이 자신에게 맡긴 일로 여겼습니다. 요셉은 그 일을 하나님의 관리를 받으며 했습니다. 하나님의 관리를 받는 사람은 사람이 관리할 필요를 느끼지 못합니다. 보디발도, 간수장도 요셉은 관리가 필요 없는 사람이라는 것을 알았습니다. 만약 요셉 같은 사람을 관리하려고 한다면 그것은 낭비입니다. 시간 낭비고 힘 낭비입니다.

사람의 관리를 받는 사람과 하나님의 관리를 받는 사람은 다릅니다. 요셉이 가정 총무를 하던 집 안주인은 사람의 관리를 받았습니다. 그녀의 관리자는 남편이었습니다. 그녀는 관리자인 남편이 있을 때와 없을 때가 달랐습니다. 그녀의 행동에 관리자의 유무가 큰 영향을 끼쳤습니다. 관리자인 남편 눈앞에서의 그녀와 남편이 출장을 가고 없을 때의 그녀는 달랐습니다. 반면 요셉은 늘 하나님의 관리를 받았기 때문에 주인의 출장 여부가 그의 행동에 아무런 영향도 미치지 않았습니다. 주인은 출장 갔지만, 하나님은 출장 가지 않으셨기 때문입니다.

무슨 일을 하든지 주께 하듯 하라

"무슨 일을 하든지 마음을 다하여 주께 하듯 하고 사람에게 하듯 하지 말라." 골 3:23

이 말씀은 바울이 골로새교회에 쓴 편지 중 한 구절입니다. "모든 일에 육신의 상전들에게 순종하되 사람을 기쁘게 하는 자와 같이 눈가림만 하지 말고 오직 주를 두려워하여 성실한 마음으로 하라" 골 3:22는 권면에 이어서 바울이 한 말입니다. 그리스도인이 어떤 자세와 마음으로 일해야 하는지를 가르치는 가운데 한 말입니다. '무슨 일을 하든지 마음을 다하여 주께 하듯 하고 사람에게 하듯 하지 말라'는 이 말씀은 암송할 필요가 있습니다. 우리는 일할 때마다 이 말씀을 기억하고, 이 말씀대로 해야 합니다. 이것은 그리스도인이 일할 때 가져야 할 기본 자세이자 태도입니다.

바울은 이 권면을 하면서 이렇게 해야 하는 이유 두 가지를 들었습니다. 하나는 '상을 주께 받을 줄 알라'는 것이고, 다른 하나는 '너희는 주 그리스도를 섬기는 사람'이라는 것입니다. 이 말은 너희는 그리스도인이고, 그리스도인인 너희에게는 주님이 주실 상이 있다는 의미입니다. 상전이 주는 상이 아니라, 회사의 성과급이 아니라 주님이 주실 그 상을 바라보고 일하라는 권면입니다. 에베소교회에 보낸 편지에서 바울은 "각 사람이 무슨 선을 행하든지 종이나 자유인이나 주께로부터 그대로 받을 줄을 앎이라"엡 6:8고 했습니다.

직장 생활을 하는 사람이 예수를 믿었습니다. 그 후 그의 직장 생활에 어떤 변화가 생길까요? 회사 일이 하나님이 자신에게 맡기신 일로 바뀝니다. 사람의 관리를 받던 사람이 하나님의 관리를 받는 사람으로 바뀝니다. 회사에서 관리자의 출장 여부가 그의 행동에 아무런 영향을 미치지 않습니다. 이 사람을 두고 그 동료들은 자신들이 아는 말로 이렇게 말할 것입니다.

"저 사람 예수 믿더니 성실해졌어."

4장
과로

● 적당, 개인적으로 참 좋아하는 단어입니다. 성경을 통해 깨달은 귀한 은혜와 진리가 바로 '적당'입니다. 무엇을 하든지 적당하면 좋습니다. 알맞습니다. 그런데 가끔 이 좋은 말이 대충대충 한다는 의미로도 쓰이면서 부정적인 단어로 변해 가는 것 같아 안타깝습니다.

범사에 적당한 것이 좋습니다. 일도 마찬가지입니다. 일이 과하면 과로고 그 반대면 게으름입니다. 과로도 게으름도 다 경계해야 할 대상입니다. 하지만 보통 우리는 게으름만을 경계의 대상으로 생각하는 경우가 많습니다. 과로도 경계해야 할 대상입니다.

과로는 손해다

과로는 쉬지 않고 일하는 것입니다. 우리 사회는 과로를 미덕으로 생각하는 경향이 있는데, 아닙니다. 과로는 미덕이 아닙니다. 하나님은 사람을 쉬도록 만드셨는데, 쉬지 않고 일하는 것은 하나님의 창조 질서를 깨뜨리는 일입니다.

어떤 사람들은 쉬지 않고 일한 것을 자랑하는데, 아닙니다. 그것은 자랑할 일이 아니라 부끄러워해야 할 일입니다. 사람들은 과로를 이익이라고 생각하는데, 아닙니다. 과로는 손해입니다. 과로하면 손해 봅니다. 가정을 위해 과로하고 회사를 위해 과로한다고 하는데, 그것은 가정이나 회사를 위하는 일이 아닙니다. 가정이나 회사를 진정 위한다면 오히려 과로하지 말아야 합니다.

장사하는 분들이 하는 말 중에 '앞으로 남고 뒤로 밑진다'는 말이 있습니다. 말 그대로 겉으로 보기에는 이익인 것 같지만 세세히 살펴보면 손해라는 말입니다. 이 말은 과로에도 그대로 적용됩니다. 과로는 앞으로 남고 뒤로 밑지는 장사입니다. 과로하면 당장은 이익 같아 보여도 길게 보면 손해입니다.

과로가 손해인 이유, 과로는 불평을 유발한다

과로하면 불평하게 됩니다. 과로시키는 회사를 원망하고 총수를 욕합니다. 회사에 대한 충성도가 떨어집니다. 자연스럽게 회사 밖에서도 원망과 불평은 이어집니다. 점점 기업 이미지가 나빠집니다. 그러면 뛰어난 인재들, 좋은 사람들이 회사를 떠나고 입사를 꺼립니다. 결국은 과로를 버틸 수 있는 사람들, 여기 아니면 갈 곳이 없는 사람들로 회사가 채워집니다. 사람들의 평판도 "아! 그 좋은 회사 다니는구나" 하던 것이 "아……, 그 회사 다니는구나"로 바뀝니다. 자신이 다니는 회사에 대한 자부심이 사라집니다. 어느 회사 다니느냐고 물으면, "그냥" 하며 얼버무립니다. 이런 무형의 손실은 장부에 잡히지 않기 때문에 여전히 과로시키는 것이 이익이라고 착각하는지 모르지만, 과로는 손해입니다.

회사에 대한 자긍심을 갖고 감사하며 다니는 직원들로 가득 찬 기업과 회사에 대한 자긍심은 바닥난 상태로 어쩔 수 없어 원망하며 다니는 직원들로 채워진 기업은 다릅니다. 현재도 다르고 장래도 다릅니다. 과로는 불평하는 직원을 양산합니다.

과로는 과로대로 시키고 불평하지 않고 감사하는 직원을 만들기 위한 교육은 교육대로 시키는 것은 헛되고 헛되며 헛되고 헛된 일입니다. 과로시키며 과로를 충성이라고 교육시킨다고 해서 과로가 충성이 되는 것이 아닙니다. 과로는 과로입니다. 사람이 과로를 정신력으로 버티는 데는 한계가 있습니다. 지속적인 과로를 정당화하고 당연하게 여기도록 할 수 있는 논리와 철학과 교육은 없습니다. 신앙으로도 지속적인 과로를 정당화시킬 수 없습니다.

과로가 손해인 이유, 과로하면 성질부리며 일한다

과로하면, 과로시키면 사람이 예민해집니다. 짜증을 냅니다. 사나워집니다. 성질을 냅니다. 손님이나 거래처 사람을 대할 때라고 예외는 아닙니다. 교역자가 성도를 대할 때도 마찬가지입니다. 결국 과로는 관계를 깨뜨립니다. 인화人和의 적은 과로입니다.

아무리 음식 맛이 좋고 물건이 좋아도 직원이 불친절하고 성질을 낸다면, 그곳을 다시 가고 싶지 않을 것입니다. 의사가 실력이 있어도 접수 받는 직원이 성질을 부리면 그 병원에 가기 싫어지는 것이 사람의 마음입니다. 성질부리며 일하는 직원은 오히려 없는 것이 더 회사에 유익일지 모릅니다. 기질적으로 성질을 내는 사람은 면접을 통해 거를 수 있지만, 과로의 결과로 이렇게 되는 사람은 거를 수 없습니다. 왜냐하면 모든 사람이 다 과로하면 예민해지고 성질이 날카로워지기 때문입니다. 이른 새벽에 불러내 밤늦게까지 과로시키며 서비스 교육시킨 직원들보다, 오히려 서비스 교육을 생략하고 과로시키지 않은 직원들이 더 친절할 수 있습니다.

자주 성질을 내고 있다면, 사소한 일에도 예민하게 반응하고 있다면, 사람들과 자주 부딪친다면 혹시 과로하고 있는 것은 아닌지 스스로 점검해야 합니다. 자신의 관리 아래 있는 사람들에게서 이런 모습들이 발견되면, 혹시 과로시킨 것은 아닌지 점검해야 합니다.

과로로 얻은 재물로
과로로 잃은 것들을 살 수 없다

과로하느냐고 가정에 소홀하고, 과로하고 돌아와 피곤해

가족들에게 화내고 짜증 내고, 과로하느냐고 자녀들과 함께 하지 못한 결과가 무엇일지 생각해 보아야 합니다.

과로로 몸과 마음과 관계는 병들고, 사람들이 자신을 알아주지 않는다고 서운해하며, 다 소용없다고 후회하며 한숨지어도 때는 늦습니다. 시간은 되돌릴 수 없습니다. 장성한 자녀들은 부모의 손길이 필요한 그때로 다시 돌아가 주지 않습니다.

과로로 얻은 재물로 잃어버린 시간과 관계를 살 수 없습니다. 과로로 잃은 건강을 과로로 얻은 재물로 살 수 없습니다.

사랑은 과로하지 않고, 사랑은 과로시키지 않는 것이다

사람은 스스로 과로하기도 합니다. 일이 좋아 그럴 수도 있고, 돈이 좋아 그럴 수도 있습니다. 과로할 수밖에 없는 상황 때문에 그럴 수도 있습니다. 빚이 있거나, 수입보다 지출이 많아 과로해서라도 돈이 모자라는 부분을 채워야 하는 경우입니다. 또한 본인은 과로하고 싶지 않지만 과하게 일을 시키기 때문에 어쩔 수 없이 과로하기도 합니다. 과로하는 이유는 다양합니다. 하지만 해결책은 하나입니다. 쉬는 것입니다. 적당히 일하는 것입니다.

어떤 이들은 과로의 이유를 '사랑'이라고 말하기도 합니다. 사랑한다면 오히려 과로하지 말아야 합니다. 과로하지 않고 오랫동안 가족과 함께하는 것이 사랑입니다. 과로시키지 않는 것이 사랑입니다. 피치 못해 과로시켰다면 회복할 쉼을 줘야 합니다. 현재의 매출과 수익을 유지하기 위해서 자신도 과로하고 직원들도 과로시킬 수밖에 없다면, 차라리 매출과 수익을 줄이는 선택을 하고 과로하지 않고, 과로시키지 않는 것이 현명합니다.

사랑은 과로의 이유가 되지 않습니다. 그들은 과로가 사랑으로부터 시작된 것이라고 말하지만 자세히 들여다 보면 과로의 뿌리는 탐욕입니다. 과로하고, 과로를 시키는 그 속에는 좀 더 많은 것을 얻기 위함이 들어 있습니다. 그것들은 다양한 것들로 포장되어 있지만, 사실 그것은 탐심인 경우가 많습니다. 앞에서 살펴보았듯이 과로는 많은 이익을 가져다 줄 것처럼 보이지만 실은 잃게 되는 것들이 더 많습니다. 사랑을 과로의 핑계로 삼지 말아야 합니다. 사랑한다면 과로하지 않고 함께 시간을 보내고, 함께 관계를 가꾸어야 합니다.

일을 나눠야 과로하지 않는다

일이 많으면 과로할 수밖에 없습니다. 과로하지 않으려면 일을 줄여야 합니다. 과중한 일을 적당한 일로 만들어야 합니다. 자신이 일의 양을 조절할 수 있는 위치라면 자신이 해야 합니다. 일을 나눠 주는 입장이라면 적당한 양의 일을 배정해 줘야 합니다. 관리자는 업무 분담을 할 때 지나치게 한 사람에게 일이 몰리지 않도록 도와줘야 합니다.

일의 양을 줄이는 방법은 여러 가지입니다. 일을 무리해서 맡지 않는 것도, 일을 나누는 것도, 함께하는 사람들에게 도움을 청하는 것도 방법입니다.

성경에 과로한 사람의 예가 나옵니다. 모세입니다. 모세는 출애굽 후 광야에서 갈등이 있는 백성을 재판하기 위해 앉아 있고 백성은 아침부터 저녁까지 모세 곁에 서 있었습니다. 딸네 집에 들렀다 이 장면을 목도한 모세의 장인 이드로가 모세에게 물었습니다.

"네가 이 백성에게 행하는 이 일이 어찌 됨이냐 어찌하여 네가 홀로 앉아 있고 백성은 아침부터 저녁까지 네 곁에 서 있느냐." 출 18:14

모세가 장인에게 "¹⁵백성이 하나님께 물으려고 내게로 옴이라 ¹⁶그들이 일이 있으면 내게로 오나니 내가 그 양쪽을 재판하여 하나님의 율례와 법도를 알게 하나이다"출 18:15-16라고 대답했습니다. 이드로가 모세에게 한마디 했습니다.

"¹⁷네가 하는 것이 옳지 못하도다 ¹⁸너와 또 너와 함께 한 이 백성이 필경 기력이 쇠하리니 이 일이 네게 너무 중함이라 네가 혼자 할 수 없으리라."출 18:17-18

이어 이드로는 모세에게 대안을 제시했습니다.

"¹⁹이제 내 말을 들으라 내가 네게 방침을 가르치리니 하나님이 너와 함께 계실지로다 너는 하나님 앞에서 그 백성을 위하여 그 사건들을 하나님께 가져오며 ²⁰그들에게 율례와 법도를 가르쳐서 마땅히 갈 길과 할 일을 그들에게 보이고 ²¹너는 또 온 백성 가운데서 능력 있는 사람들 곧 하나님을 두려워하며 진실하며 불의한 이익을 미워하는 자를 살펴서 백성 위에 세워 천부장과 백부장과 오십부장과 십부장을 삼아 ²²그들이 때를 따라 백성을 재판하게 하라 큰 일은 모두 네게 가져갈 것이요 작은 일은 모두 그들이 스스로 재판할 것이니 그리하면 그들이 너와 함께 담당할 것인즉 일이 네게 쉬우리라 ²³네가 만일 이 일을 하고 하나님께서도 네게 허락

하시면 네가 이 일을 감당하고 이 모든 백성도 자기 곳으로 평안히 가리라."출 18:17-23

모세는 이드로의 말을 듣고 그대로 했습니다. 모세는 어른의 조언과 권면을 잘 들었습니다. 그는 이스라엘 무리 중에서 능력 있는 사람들을 택하여 그들을 백성의 우두머리 곧 천부장과 백부장과 오십부장과 십부장을 삼았습니다. "그들이 때를 따라 백성을 재판하되 어려운 일은 모세에게 가져오고 모든 작은 일은 스스로 재판하더라"출 18:26고 성경은 그 결과를 우리에게 전해 줍니다.

모세에게 장인 이드로가 없었다면 어쩌면 모세는 과로로 탈진했을지 모릅니다. 적절한 순간, 이드로의 조언을 듣고 일을 나눔으로 그는 계속 출애굽의 지도자로 사역할 수 있었습니다.

이드로의 눈에는 그냥 봐도 보이는 것이 왜 모세에게는 보이지 않았을까요? 이유는 여러가지일 수 있습니다. 과로도 그 이유 중의 하나입니다. 과로하면 시야가 좁아집니다. 다른 사람이 그냥 봐도 보이는 것조차 보지 못합니다. 이런 사람에게서 창의적인 아이디어를 기대하는 것은 무리입니다.

우리는 모세에게서 위임을 배워야 합니다. 내가 아니면 안

된다는 생각에서 벗어나야 합니다. 하기야 모세만큼 재판을 잘할 사람이 어디 있겠습니까? 그렇다고 그 많은 백성 사이에서 발생하는 분쟁을 모세가 다 재판할 수는 없는 일입니다. 나눠야 합니다.

일을 나누고 싶고 위임하고 싶지만 일을 나눌 사람이 없다면 안타까운 일입니다. 그렇다고 아무에게나 일을 맡길 수는 없습니다. 잠언은 "미련한 자를 고용하는 것은 지나가는 행인을 고용함과 같으니라"잠 26:10고 경고합니다. 미련한 자에게 일을 맡기는 것은 일을 줄이는 것이 아니라 오히려 일을 더 늘리는 것이 될 수 있습니다.

요셉을 종으로 산 사람은 보디발입니다. 그는 일을 잘 맡긴 사람입니다. 우리는 그에게 위임을 배울 필요가 있습니다. 요셉을 가정 총무로 세운 것을 보면 보디발은 자신의 일을 맡길 사람을 볼 줄 아는 안목이 있었습니다. 보디발은 그의 소유를 다 요셉의 손에 위탁하고 간섭하지 않았습니다. "주인이 그의 소유를 다 요셉의 손에 위탁하고 자기가 먹는 음식 외에는 간섭하지 아니하였더라."창 39:6 간섭하지 않아도 될 요셉을 택하고, 그 요셉에게 일을 맡긴 후에는 간섭하지 않았습니다.

'일을 맡긴 후에는 간섭하지 말아야 한다.' 그렇다고 이것을 보편화하는 것은 곤란합니다. 이것은 일을 맡긴 사람이 일을 제대로 하는 경우에 해당하는 말입니다. 맡은 사람이 일을 제대로 하지 않거나, 못하면 일을 맡긴 사람은 간섭할 수 있습니다. 간섭해야 합니다. 간섭해도 안 되면 위임했던 일을 거둬 다른 사람에게 맡겨야 합니다.

요셉의 경우는 간섭하지 않아도 될 정도로 일을 잘 처리했습니다. 위임한 사람은 일을 맡긴 후에 간섭하지 않고, 위임받은 사람은 간섭이 필요하지 않을 정도로 일을 잘 처리하는 것, 가장 이상적인 위임의 예입니다.

육체의 과로만 과로가 아니다

몸도 과로하지 말아야 합니다. 그러나 어쩌면 이보다 더 심각한 것은 정신 과로입니다. 몸은 퇴근하지만 마음이 퇴근하지 못한다면, 정신적인 과로가 될 확률이 높습니다. 몸으로 하는 일과 달리 '생각 일'은 장소와 시간의 제한을 받지 않습니다. 밥을 먹으면서도, 텔레비전을 보면서도, 대화하면서도, 심지어 잠자리에 들어서도 계속 할 수 있는 것이 '생각 일'

입니다. 일과 관련된 생각을 계속한다면, 몸은 휴양지에 있을지라도 그것은 쉼이 아니라 일입니다. 몸만 쉰다고 쉼이 아닙니다. 마음도 함께 쉬어야 합니다. 그러기 위해서는 업무적인 생각이 아닌 '딴생각'을 할 필요가 있습니다.

근심과 걱정과 염려, 이것과 정신 과로는 밀접한 관계가 있습니다. 근심하고 걱정하고 두려워하는 것은 엄청난 정신노동입니다. 많은 에너지가 소진됩니다. 이것이 계속되면 정신 과로가 됩니다. 성경은 근심하지 말라, 걱정하지 말라, 염려하지 말라고 강조합니다. 정신 과로 하지 말라는 말입니다. 몸이 어디 가 있고 어떤 상태이든 상관없이 근심하고 걱정하는 것은 쉼이 아니라 일입니다. 휴가 가서 근심하는 것, 잠자리에 누워 걱정하는 것은 혹독한 정신노동입니다. 쉬지 않고 근심하고 걱정하는 것은 확실한 정신 과로입니다.

과로는 과로를 낳는다

없는 문제를 만드는 사람이 있고, 작은 문제를 큰일로 만드는 사람이 있고, 큰 문제를 작은 일로 만드는 사람이 있습니다. 문제를 만들고 문제를 키우면 과로하게 됩니다. 과로하지 않기 위해서는 큰 문제는 작은 문제로 만들고, 작은 문제는 툭 털어 버리는 것이 생활화 되어야 합니다.

일을 미루고 쌓는 사람이 있고, 바로바로 처리하는 사람이 있습니다. 할 수 있다면 일은 쌓지 말고 바로바로 처리하는 것이 좋습니다. 지금 처리할 수도 있고 나중에 처리할 수도 있는 일인데, 지금 처리하는 데 문제가 없고 처리할 수 있는 여건이라면 지금 처리하는 것이 좋습니다. 일은 쌓으면 그 일을 처리할 때까지 계속 '생각 일'을 해야 합니다. 같은 일 처리지만, 그 일을 처리하는데 드는 에너지와 시간은 많은 차이가 납니다. 그러나 바로바로 일을 처리하는 것이 항상 좋은 것은 아닙니다. 오히려 성급하게 일을 처리했다 나중에 그것을 수습하는데 더 많은 시간과 에너지를 써야 하는 경우도 있습니다. 그때그때 사안에 따라 잘 판단해야 합니다.

과로하지 않기 위해서는 순간순간 판단을 잘해야 합니다. 그래야 일이 줄어들고 일이 없어집니다. 과로하면 판단력이 흐려집니다. 판단력이 흐려지면 문제를 푸는 결정이 아니라 문제를 더욱 복잡하게 하는 결정, 작은 문제를 큰일로 키우는 결정을 하기 쉽습니다. 그러면 일이 늘어납니다. 그 일을 수습하고 처리하려면 과로할 수밖에 없습니다. 과로는 과로를 낳습니다. 매 순간마다 성경의 지침을 따라 성령의 도우심을 받아 결정해야 합니다. 그러면 문제는 풀어집니다. 과로하지 않아도 됩니다.

5장

게으름

● 쉬지 않고 일하는 과로도 문제지만, 일하지 않고 쉬기만 하는 게으름도 심각한 문제입니다. 성경에는 유난히 게으른 자에 대한 언급이 많습니다. 성경이 가르쳐 주는 게으른 자의 특징 몇 가지를 살펴봅니다.

게으른 자는 일하기를 싫어한다

게으른 자는 자기의 손으로 일하기를 싫어합니다. "게으른 자의 욕망이 자기를 죽이나니 이는 자기의 손으로 일하기를 싫어함이니라."잠 21:25 이 말은 게으른 사람은 손 하나 까딱 않고 포부만 키우다가 죽는다는 의미입니다.

게으른 자는 자기 집을 돌아보지도 가꾸지도 않습니다. "게으른즉 서까래가 내려앉고 손을 놓은즉 집이 새느니라." 전 10:18 잠언 기자는 "30내가 게으른 자의 밭과 지혜 없는 자의 포도원을 지나며 본즉 31가시덤불이 그 전부에 퍼졌으며 그 지면이 거친 풀로 덮였고 돌담이 무너져 있기로 32내가 보고 생각이 깊었고 내가 보고 훈계를 받았노라"잠 24:30-32고 했습니다.

게으른 자는 그 잡을 것도 사냥하지 않습니다. 자기 먹을 밥벌이도 하지 않는다는 말입니다. "게으른 자는 그 잡을 것도 사냥하지 아니하나니 사람의 부귀는 부지런한 것이니라." 잠 12:27

심지어 게으른 자는 자기 손을 그릇에 넣고서도 입으로 올리기를 괴로워합니다. 밥 먹는 것도 귀찮아 한다는 말입니다. "게으른 자는 자기의 손을 그릇에 넣고서도 입으로 올리기를 괴로워하느니라." 잠 19:24

게으른 자의 길은 험난합니다. 게으른 자의 길은 가시 울타리 같습니다. "게으른 자의 길은 가시 울타리 같으나 정직한 자의 길은 대로니라." 잠 15:19

일

게으른 자의 치명적인 문제는 자신을 지혜롭게 여긴다는 것입니다. 게으른 자는 사리에 맞게 대답하는 사람 일곱보다 자기를 지혜롭게 여깁니다. "게으른 자는 사리에 맞게 대답하는 사람 일곱보다 자기를 지혜롭게 여기느니라."잠 26:16 게으른 사람이 다른 사람의 말을 듣지 않는 이유가 바로 여기 있습니다. 사람은 상대가 자기보다 지혜롭다고 생각해야 그 사람의 말을 듣습니다. 자기가 상대보다 지혜롭다고 생각하는 사람은 상대의 말을 듣지 않습니다. 오히려 상대에게 자기 말을 들으라고 합니다. 게으른 사람은 지혜로운 사람 일곱보다 자기를 지혜롭게 여기니 누구 말을 듣겠습니까. 게으름과 교만은 짝지어 다닙니다.

게으르면 빈궁이 강도같이 온다

성경은 손을 게으르게 놀리는 자는 가난하게 되고 손이 부지런한 자는 부하게 된다고 말합니다. 당연한 이야기입니다. "손을 게으르게 놀리는 자는 가난하게 되고 손이 부지런한 자는 부하게 되느니라."잠 10:4

또한 성경은 게으르면 가난이 찾아온다고 말합니다. "네

빈궁이 강도 같이 오며 네 곤핍이 군사 같이 이르리라."잠 24:34

사람의 부귀는 부지런함에서 시작됩니다. 하지만 게으른 자는 가을에도 밭을 갈지 않습니다. 밭을 갈지 않았으니 얻을 것이 없는 것이 당연합니다. "게으른 자는 가을에 밭 갈지 아니하나니 그러므로 거둘 때에는 구걸할지라도 얻지 못하리라."잠 20:4

또한 게으른 자는 무언가를 마음으로 간절히 원하여도 얻지 못합니다. "게으른 자는 마음으로 원하여도 얻지 못하나 부지런한 자의 마음은 풍족함을 얻느니라."잠 13:4 하지만 부지런한 자는 부지런함의 대가와 선물로 풍족함을 얻습니다.

잠은 적당히 자야 한다

하나님이 사랑하시는 자에게 잠을 주셨습니다. 잠은 하나님이 주신 것입니다. 그러나 이 잠은 적당해야 합니다. 게으른 사람은 지나치게 잠을 많이 잡니다. 일보다 잠을 좋아합니다. 일할 시간에 잠을 잡니다.

성경은 게으른 자의 특징을 이렇게 설명하고 있습니다. "문짝이 돌쩌귀를 따라서 도는 것 같이 게으른 자는 침상에

서 도느니라." 잠 26:14

성경은 묻습니다. "게으른 자여 네가 어느 때까지 누워 있겠느냐 네가 어느 때에 잠이 깨어 일어나겠느냐." 잠 6:9

성경은 거듭 경고합니다. "너는 잠자기를 좋아하지 말라 네가 빈궁하게 될까 두려우니라 네 눈을 뜨라 그리하면 양식이 족하리라." 잠 20:13

성경은 게으른 자가 결국 이렇게 될 것이라고 예언하고 있습니다. "33네가 좀더 자자, 좀더 졸자, 손을 모으고 좀더 누워 있자 하니 34네 빈궁이 강도 같이 오며 네 곤핍이 군사 같이 이르리라." 잠 24:33-34

피곤해서 낮잠을 잘 수 있습니다. 그런데 자리에 눕기만 하면 '좀 더 자자, 좀 더 졸자'는 말씀이 생각나 힘들어 하는 이들도 있습니다. 사람에게 적당한 잠은 필요합니다. 잠은 하나님의 선물입니다. 피곤하면 쉬어야 합니다. 쉬는 것 중의 하나가 잠을 자는 것입니다. 그것이 낮이 될 수도 있고, 밤이 될 수도 있습니다. 피곤해서 잘 때는 편안하게 자야 합니다. '좀 더 자자, 좀 더 졸자'로 시작하는 말씀보다 '하나님이 사랑하시는 자에게 잠을 주신다'는 말씀을 묵상하면서 자야합니다. 성경이 지나치게 잠을 많이 자지 말라고 하는 것이지

무조건 잠을 줄이라고 하는 것은 아닙니다.

적절한 수면 시간은 사람마다 약간 차이가 있습니다. 서울대학교 의과대학 예방의학교실 유근영 교수팀은 한국인의 적정 수면 시간은 7-8시간이며 이보다 적거나 많으면 사망률이 높아지는 것으로 나타났다고 발표했습니다. 이 연구 결과에 따르면 수면 시간이 짧아도 수명이 짧아지고, 수면 시간이 적정한 수준을 넘어 지나치게 길어도 수명이 짧아집니다. 수면 시간이 짧은 사람보다 오히려 수면 시간이 필요 이상으로 긴 사람의 수명이 짧다는 연구 결과는 의외입니다. 하나님이 주신 잠을 '적당히' 자야 한다는 주장을 뒷받침해 주는 것 같은 연구 결과입니다.

사자는 거리에 없다

게으른 사람은 자신이 일하지 않는 이유와 근거를 나름대로 갖고 있습니다. 게으른 자는 "길에 사자가 있다 거리에 사자가 있다"잠 26:13라고 하며 자신이 일하지 않는 이유를 댑니다. "게으른 자는 말하기를 사자가 밖에 있은즉 내가 나가면 거리에서 찢기겠다 하느니라."잠 22:13 일하러 나가면 사자에게 물려 죽기 때문에 자신은 일하러 갈 수 없다는 것입니다. 일하러 나가지 않는 핑계를 이렇게 말도 안 되는 소리로 둘러대고 있는 것입니다. 잠언이 기록됐을 때나 지금이나 사자는 인적 없는 초원에 살지 골목길을 배회하지 않습니다. 그런데도 게으른 사람들 눈에는 사자가 골목길에 있습니다. 게으른 사람은 이처럼 자신이 일하지 않는 나름대로의 이유와 논리를 갖고 있습니다.

일하지 않을 이유를 찾지 말고 일해야 합니다. 자신이 일하지 않는 것을 정당화하기 위한 논리를 개발할 시간에 적극적으로 일을 찾아 일해야 합니다.

일하기 싫어하거든 먹지도 말게 하라

바울은 데살로니가교회에 편지를 써 보내면서 "누구든지 일하기 싫어하거든 먹지도 말게 하라"살후 3:10고 엄히 명했습니다. 대단히 강한 표현입니다. '일하기 싫으면 먹지도 말라'가 아닙니다. '일하기 싫어하거든 먹지도 말게 하라'입니다. 바울이 데살로니가교회 가운데 게으르게 행하여 도무지 일하지 아니하고 일을 만들기만 하는 사람들이 있다는 이야기를 전해 듣고 한 말입니다.

바울은 이런 사람들에게 조용히 일하여 자기 양식을 먹으라고 주 예수 그리스도 안에서 권했습니다. "¹⁰우리가 너희와 함께 있을 때에도 너희에게 명하기를 누구든지 일하기 싫어하거든 먹지도 말게 하라 하였더니 ¹¹우리가 들은즉 너희 가운데 게으르게 행하여 도무지 일하지 아니하고 일을 만들기만 하는 자들이 있다 하니 ¹²이런 자들에게 우리가 명하고 주 예수 그리스도 안에서 권하기를 조용히 일하여 자기 양식을 먹으라 하노라." 살후 3:10-12

바울이 한 이 권면에 일과 밥이 함께 나옵니다 바울이 이 말을 들으면 사람에게 밥을 주신 하나님의 뜻이 명확해집니다. 하나님이 사람에게 밥을 주신 것은 일할 힘을 주기 위함입니다. 일하기 싫어하거든 먹지도 말게 하라는 것은 일하기를 싫어하는 사람에게는 일을 하는데 필요한 밥을 먹게 할 이유가 없다는 의미입니다. 밥을 먹을 목적이, 밥을 먹을 이유가 없으니 밥을 먹지 말게 하라는 것입니다.

밥을 먹으면 힘이 납니다. 일이 있는 사람은 그 힘을 일하는데 씁니다. 그러나 일하지 않는 사람은 그 힘을 일을 만드는데 씁니다. 너무도 당연한 이야기지만 여기서 일을 만든다는 것은 안 해도 될 일, 해도 아무 소용 없는 일, 오히려 해가 되고 소모되고 낭비되는 일을 의미합니다.

게으른 자와 동행하면 게을러진다

바울은 게으른 사람을 떠나라고 합니다. "형제들아 우리 주 예수 그리스도의 이름으로 너희를 명하노니 게으르게 행하고 우리에게서 받은 전통대로 행하지 아니하는 모든 형제에게서 떠나라."살후 3:6 바울이 이렇게 강하게 말하는 이유가 있습니다. 사귀면 닮기 때문입니다. 게으른 자와 동행하면 게을러 집니다.

게으름을 경고한 바울은 일하는 것에도 본을 보였습니다. "7어떻게 우리를 본받아야 할지를 너희가 스스로 아나니 우리가 너희 가운데서 무질서하게 행하지 아니하며 8누구에게서든지 음식을 값없이 먹지 않고 오직 수고하고 애써 주야로 일함은 너희 아무에게도 폐를 끼치지 아니하려 함이니 9우리에게 권리가 없는 것이 아니요 오직 스스로 너희에게 본을

보여 우리를 본받게 하려 함이니라." 살후 3:7-9

게으른 자는 그를 고용한 사람에게 고통이다

게으른 사람은 그와 함께하는 사람들에게 고통이 됩니다. 게으른 사람을 고용하는 것은 결코 도움이 되지 않습니다. 성경은 "게으른 자는 그 부리는 사람에게 마치 이에 식초 같고 눈에 연기 같으니라" 잠 10:26 고 일러줍니다. 이 말씀은 게으른 자가 공동체 안에서 미칠 영향을 잘 보여 줍니다. 사람을 고용하는 것은 일을 나누기 위해서입니다. 자신이나 다른 직원들이 하는 일의 양이 많아 그것을 나누기 위해 직원을 더 뽑는 것입니다. 그런데 게으른 자를 고용하면 일이 줄어드는 것이 아니라 일이 늘어납니다. 일을 줄이려고 사람을 뽑았는데 일이 늘어나니 그를 부리는 사람이 괴로운 것입니다. 그 고통이 얼마나 심하면 이에 식초 같고 눈에 연기 같다고 했을까요? 직원을 뽑을 때, 중점을 둬야 하는 것 중의 하나는 게으른 자를 걸러 내는 것입니다. 일은 하지 않고 일만 만드는 사람을 채용하지 않는 것이 경영자의 능력입니다.

게으름의 반대는
부지런함이다

일과 관련된 하나님의 뜻은 과로도 아니고 게으름도 아니고 부지런함입니다. 성실함입니다. 성실은 자신이 맡은 일에 최선을 다하는 것입니다. 성실은 그리스도인의 덕목 중의 하나입니다. 성경에는 '성실한 자가 어떻게 될 것인가'가 기록되어 있습니다. 부지런한 자의 경영은 풍부함에 이릅니다.잠 21:5 손이 부지런한 자는 부하게 됩니다.잠 10:4 사람의 부귀는 부지런함과 밀접한 관계가 있습니다.잠 12:27 부지런한 자의 마음은 풍족함을 얻습니다.잠 13:4 부지런한 자의 손은 사람을 다스리게 됩니다.잠 12:24

하나님은 부지런하면 어떻게 되는지를 이렇게 자세히 성경에 적어 주셨습니다. 하나님의 자녀들, 예수 믿는 사람들을 위해 글로 적어 주셨습니다. 그런데 안타까운 것은 이것을 예수 믿는 사람은 따르지 않고, 예수 믿지 않는 사람은 따르는 경우입니다. 예수를 믿지 않으면 성실해도 소용없나요? 예수를 믿지 않지만 성실한 사람, 부지런한 사람이 있습니다. 예수는 믿지 않으면서 성경이 가르쳐 주는 대로 부지런한 사람이 있고, 예수는 믿으면서도 성경이 가르쳐 주는 대로 부지런하지 않은 사람들이 있는 것은 참 아이러니입니다.

예수를 믿는 게으른 사람은 이제라도 하나님의 말씀을 들어야 합니다. "게으른 자여 개미에게 가서 그가 하는 것을 보고 지혜를 얻으라."잠 6:6 "부지런하여 게으르지 말고 열심을 품고 주를 섬기라."롬 12:11 늦지 않았습니다. 지금부터라도 듣고 부지런하면 됩니다.

일하지 않는다고
다 게으른 사람은 아니다

일하지 않는 사람을 다 게으른 사람이라고 단정하고 정죄해서는 안 됩니다. 일하고 싶으나 일할 곳이 없는 이들도 있습니다. 이런 이들을 위해 우리는 기도하며 격려해 줘야 합니다. 구하는 자에게 하나님은 일을 주실 것입니다. 또한, 일하고 싶지만 일할 수 있는 몸이 안 되는 사람도 있습니다. 이런 사람들 가운데는 자신이 게으른 사람이 아닌가 자책하여 스스로 힘들어하는 이들도 있습니다. 이런 이들에게는 훈계보다 위로와 격려가 필요합니다.

과로도, 게으름도 경계해야 합니다. 과로하고 있다면, 적당히 일해야 합니다. 그렇다고 게으름을 목표로 삼아서는 안 됩니다. 게으른 사람의 목표 역시 적당히 일하는 것이 되어야 합니다. 게으른 사람이 은혜 받았다고 과로해서는 안 됩니다.

6장
봉사

● 일과 봉사를 명확하게 구분하기는 쉽지 않습니다. 일은 돈이 되는 것, 봉사는 돈이 되지 않는 것. 이렇게 단정할 수 있는 것이 아닙니다.

봉사를 헬라어로 '디아코니아'라고 하는데, 이 단어는 섬김 또는 봉사로 번역됩니다. 봉사의 단어적인 의미는 섬기는 것입니다. '디아코노스'라고 하면 종 또는 집사를 가리킵니다. '디아코니아'가 때로는 일의 의미로 사용되기도 했습니다.

봉사 안에 일이라는 의미도 담겨 있음을 고려하면, 이제 우리가 살펴볼 봉사에 대한 지침은 일에도 그대로 적용됩니다. 이제부터 나오는 내용을 '일'에도 적용해 보길 바랍니다.

우리는 봉사할 것인지 말 것인지를 고민할 필요가 없습니다. 봉사하는 것이 하나님의 뜻인지 아닌지를 찾는 수고를 하지 않아도 됩니다. 예수 믿는 우리에게 봉사는 필수입니다. 우리를 부르신 하나님의 뜻 가운데 하나가 우리로 하여금 봉사의 일을 하게 하는 것입니다.

"11 그가 어떤 사람은 사도로, 어떤 사람은 선지자로, 어떤 사람은 복음 전하는 자로, 어떤 사람은 목사와 교사로 삼으셨으니 12 이는 성도를 온전하게 하여 봉사의 일을 하게 하며 그리스도의 몸을 세우려 하심이라." 엡 4:11-12

우리의 관심은 '어떻게 봉사할 것인가'입니다. 하나님은 친절하신 분입니다. 봉사의 일을 하게 하도록 우리를 부르신 하나님은 우리가 어떻게 봉사해야 하는지도 세밀하게 가르쳐 주십니다.

서로 대접하기를 원망 없이 하라

"9 서로 대접하기를 원망 없이 하고 10 각각 은사를 받은 대로 하나님의 여러 가지 은혜를 맡은 선한 청지기 같이 서로 봉사하라 ¹¹만일 누가 말하려면 하나님의 말씀을 하는 것 같이 하고 누가 봉사하려면 하나님이 공급하시는 힘으로 하는 것 같이 하라 이는 범사에 예수 그리스도로 말미암아 하나님이 영광을 받으시게 하려 함이니 그에게 영광과 권능이 세세에 무궁하도록 있느니라 아멘." 벧전 4:9-11

성경이 가르치는 봉사의 기본은 일 처리의 기본과 마찬가지로 '원망 없이 하라'입니다. 서로 대접하기를 원망 없이 하라는 말은 투덜대거나 불평하면서 봉사하지 말라는 말입니다. 감사함으로 봉사하라는 말입니다. 하나님은 불평하며 하는 봉사의 위험을 아시고 그것을 경계하십니다. 불평하며 봉사하는 것은 봉사하지 않는 것보다 해롭습니다. 원망하며 봉사하는 곳에서 사고가 납니다. 감사함으로 봉사해야 기쁨이 있습니다. 그래야 평생 할 수 있습니다. 하나님은 우리에게 불평을 겸하지 않은 봉사 방법을 가르쳐 주십니다.

은사 받은 대로 봉사하라

은사는 하나님께서 주십니다. 하나님께서는 각 사람의 사명과 필요대로 은사를 나눠 주십니다. 우리 모두는 하나님에게 받은 은사가 있습니다. 이 은사는 사람마다 다릅니다. 우리는 하나님에게서 받은 은사대로 봉사해야 합니다. 그래야 봉사가 쉽습니다. 즐겁습니다. 재미있습니다. 그래야 봉사하며 불평하지 않을 수 있습니다.

하나님께 받은 은사가 노래인 사람은 노래 부르는 봉사를 하면 즐겁습니다. 노래 연습을 하는 것이 행복합니다. 하나님께 받은 은사가 음식을 만드는 것인 사람은 밥하고 요리하는 봉사를 하면 즐겁습니다. 맛있는 음식을 만들어 대접할 생각만 해도 즐거움이 밀려옵니다. 하나님께 받은 은사가 가르치는 것인 사람은 가르치는 봉사를 하면 즐겁습니다. 누군가를 가르칠 생각만 해도 기쁨이 솟아납니다. 하나님께 받은 은사가 글 쓰는 것인 사람은 글을 쓰고 책을 쓸 생각을 하면 마음이 설렙니다. 하나님께 받은 은사가 상담하는 것인 사람은 상담을 하면 행복합니다. 누군가를 만나 그의 고민을 들어주고 길을 함께 찾아 주는 일은 큰 보람입니다. 하나님께 받은 은사가 목자로서 양을 돌보며 복음을 전하는 것인 사람은 목사로서 성도들을 인도하고 설교하면 신이 납니다. 설교할 생각만 해도 기쁩니다. 하나님께 받은 은사가 재무회계인 사람은 숫자를 다뤄야 기쁩니다. 회계나 감사를 할 때 보람이 있습니다. 하나님께 받은 은사가 개발이나 발명인 사람은 그 일을 해야 행복합니다.

만약 자신이 받은 은사와 다른, 혹은 받은 은사가 없는 분야에서 봉사하게 되면 얼마 지나지 않아 불평하며 봉사하게 됩니다. 불평하며 봉사하는 것은 자신도 힘들고 주변 사람도 힘들게 합니다. 자신의 힘도 빠지고, 다른 사람의 힘도 빠집니다. 사진 촬영에 은사가 없는 사람에게 사진을 찍으라고 하는 것은 그를 당황하게 만드는 일입니다. 글 쓰는 은사가 없는 사람에게 원고를 쓰라고 하는 것은 그를 고통스럽게 합니다. 음식을 만드는 은사가 없는 사람에게 식사 준비를 하라고 하면 그는 애꿎은 도마만 두드려 댈 것입니다.

받은 은사가 없으면 그 일이 필수 불가결한 일이 아닌 이상 안 하는 것이 좋습니다. 우리 삶에는 은사가 없으면 안 해도 되는 일이 있습니다. 사진에 은사가 없으면 카메라를 안 들면 됩니다. 그러나 은사가 없어도 해야 하는 일들도 있습니다. 예를 들어 가정주부가 음식을 만드는 일에 은사가 없을 수 있습니다. 그렇다고 음식을 만들지 않고 살 수는 없습니다. 음식 만드는 은사가 있는 남편이 퇴근할 때까지 손 놓고 앉아 기다릴 수는 없습니다. 받은 은사가 없으니 나는 할 수 없다고 굶을 수는 없습니다. 그렇다고 평생을 불평하며 음식을 만들어서는 안 됩니다. 그렇게 만든 음식 속에는 불평 독이 들어갑니다. 그 밥을 가족들이 계속 먹어야 한다면 이것은 비극입니다. 이런 경우는 학습을 하든지 하나님께 구하든지 해야 합니다. 구하는 자에게 좋은 것을 주시는 하나님께 구해 음식을 만드는 은사를 받든지, 아니면 음식을 잘 만드는 사람을 고용할 수 있는 재정을 받든지 둘 중 하나를 받아야 합니다.

하나님의 은혜로 봉사하라

성경은 "하나님의 여러 가지 은혜를 맡은 선한 청지기 같이 서로 봉사하라"벧전 4:10고 가르치고 있습니다. 이 말씀 속에 감사로 봉사하는 몇 가지 방법이 소개되어 있습니다. 그중 하나가 '하나님의 은혜로 봉사하라'입니다.

은혜는 신약성경을 기록한 헬라어로 '카리스'입니다. '카라'는 기쁨입니다. '카리스'와 '카라'는 같은 어원을 갖고 있습니다. 은혜와 기쁨은 한 뿌리입니다. 은혜를 받으면 기분이 좋아집니다. 기쁩니다. 이것은 우연이 아닙니다. 은혜 안에 기쁨이 들어 있기 때문에 나타난 결과입니다.

    은혜를 받으면 사람이 부드러워집니다. 하나님의 은혜가 떨어졌을 때 나타나는 현상은 윤활유가 떨어졌을 때 나타나는 현상과 비슷합니다. 하나님의 은혜 없이 봉사하면 빡빡합니다. 시끄럽습니다. 원망하는 소리, 불평하는 소리가 끊이지 않습니다. 이때는 서둘러서 윤활유를 쳐야 합니다. 은혜를 받아야 합니다.

하나님의 것으로 봉사하라

    "하나님의 여러 가지 은혜를 맡은 선한 청지기 같이 서로 봉사하라"벧전 4:10는 이 말씀 속의 '하나님의 여러 가지 은혜를 맡은 선한 청지기'는 '하나님에게 받은 모든 것을 맡아 관리하는 자'라고 해석할 수 있습니다.

    하나님의 여러 가지 은혜를 맡은 자, 이것이 봉사하는 자가 가져야 할 자신에 대한 정의입니다. 봉사할 때는 시간이 들고, 돈이 들고, 힘이 듭니다. 이것들에 대한 소유권을 확실하게 할 필요가 있습니다. 이것을 내 것으로 생각하는 사람과 이것을 하나님의 것이라고 생각하는 사람이 있습니다. 봉사할 때 우리는 이것이 다 하나님의 것이고 나는 다만 이것을 맡았을 뿐이라고 고백해야 합니다. 그래야 불평 없이 감사함으로 봉사할 수 있습니다. 내가 내 것으로 봉사하면 얼마 지나지 않아 불평을 겸하게 됩니다.

불평하는 이유 중 하나는 사람들이 알아주지 않기 때문입니다. 내 것이라고 생각하는 사람은 내 것을 주었으니 상대도 내게 무엇인가를 줘야 한다고 생각합니다. 그런데 상대가 알아주지 않고 감사하지 않으면 실망하고 화가 납니다. 또한 내 것으로 봉사할 때는 그 봉사에 참여하지 않는 사람들로 화가 날 수 있습니다. '나'는 하는데 '너'는 하지 않는 것으로 인해 분노할 수 있습니다. 어느 순간 "나는 뭐 돈이 남아돌고 힘이 남아돌아서 이러는 줄 아느냐"고 소리 지를 수 있습니다. 내가 내 것으로 봉사할 때 나타날 수 있는 위험입니다.

우리는 하나님의 것을 맡은 자로서 하나님의 것을 가지고 봉사해야 합니다. 그래야 감사함으로 봉사할 수 있습니다. 혹 우리의 봉사를 사람들이 알아주지 않아도, 우리의 봉사에 다른 사람들이 참여하지 않아도 불평하지 않을 수 있습니다.

내게 있는 모든 것이 다 하나님의 것이고 나는 다만 그것을 맡아서 봉사한다고 생각하는 사람은 봉사한 후에 나는 마땅히 할 것을 했을 뿐이라고 고백하고, 사람이 아닌 하나님을 바라봅니다. 이 사람은 봉사를 열심히 하면서도 봉사하지 않는 사람들을 향해서 분노하지 않습니다. 이것이 봉사하는 우리의 기본 자세여야 합니다. 이것이 선한 청지기같이 봉사하는 것입니다. 이렇게 해야 불평을 겸하지 않은 봉사를 할 수 있습니다. 그래야 봉사를 오래 계속 할 수 있습니다.

서로 봉사하라

봉사는 서로 해야 합니다. 봉사하는 사람과 봉사 받는 사람이 따로 있는 것이 아닙니다. 누가 우리를 향해 봉사하러 왔다면 우리는 그 사람을 향해 봉사해야 합니다. 우리는 모두 봉사자입니다. 나는 봉사를 받아야 한다고 생각하는 순간 불평이 나옵니다. "왜 나는 안 해 주느냐, 왜 나만 안 주느냐"는 소리가 나옵니다. 봉사할 때도, 받을 때도 감사함이 기본입니다. 봉사를 받을 때 마땅히 받아야 할 권리를 행사하듯이 받아서는 안 됩니다. 불평하며 봉사하는 것이 아름답지 못한 것처럼 불평하며 봉사 받는 것도 아름답지 않습니다.

하나님이 공급하시는
힘으로 봉사하라

봉사는 힘이 있어야 합니다. 힘이 없으면 봉사할 수 없습니다. 그러나 힘이 없다고 봉사를 못하는 것은 아닙니다. 힘이 없어도 봉사는 계속 할 수 있습니다. 문제는 원망하며 봉사한다는 것입니다. 힘이 없으면 투덜거리며 봉사하게 됩니다.

불평하며 봉사하는 것보다는 봉사하지 않는 것이 유익합니다. 본인에게도 그렇고 그가 속한 공동체에도 그렇습니다. 하나님이 공급하시는 힘이 있을 때는 봉사가 즐겁고 기쁘고 신이 납니다. 그러나 하나님이 공급하시는 힘이 떨어지면 같은 봉사인데 버겁습니다. 힘이 듭니다.

우리 주변에는 모범적이라는 소리를 듣는 사람들이 있습니다. 하나님이 주신 힘으로 하나님이 맡겨 주신 길을 잘 걷고 있는 사람들입니다. 하나님이 주시는 힘으로 봉사하면 평생이라도 이 길을 걷는 데 문제가 없습니다. 이 길을 가는 것은 기쁨이고 즐거움입니다. 그러나 하나님이 주시는 힘이 떨어지면 문제는 달라집니다. 하나님이 공급하시는 힘없이 이 길을 계속 가는 것은 고통 중의 고통일 수 있습니다. 모범적이라는 소리를 듣는 사람들이 범하기 쉬운 우가 있습니다.

그것은 하나님이 공급하시는 힘이 떨어져도 달리던 관성에 의해 그냥 '모범적인 길'을 달리는 것입니다. 연료가 떨어졌는데 계속 달립니다. 그러다 어느 순간 탈진합니다. 자동차로 예를 들면 어느 순간 '퍼'집니다. 깊은 우울함에 빠질 수도 있고 심한 분노로 몸을 떨 수도 있습니다. 몸과 마음이 바닥에 붙을 수도 있습니다. 탈선할 수도 있습니다.

지금 자신이 하고 있는 봉사가 하나님이 공급하시는 힘으로 하는 봉사인지, 아니면 하나님이 공급하시는 힘이 없는데 타성으로 하는 봉사인지를 구분하는 방법이 있습니다. 그것은 지금 기쁨 가운데 감사한 마음으로 봉사하고 있는가, 아니면 투덜거리면서 불평하며 봉사하고 있는가를 점검해 보는 것입니다. 불평하면서 봉사하고 있다면 봉사를 중단하든지, 하나님이 주시는 힘을 충전 받든지 둘 중의 하나를 해야 합니다. 만약 이런 상태로 계속 봉사하면 사고 납니다. 자신의 몸과 마음이 망가지거나 공동체가 망가질 수 있습니다. 이때는 쉬어야 합니다. 하나님이 공급하시는 힘이 떨어지면 봉사를 멈추는 것이 유익합니다. 봉사보다 하나님의 힘을 받는 일이 우선입니다. 하나님이 공급하시는 힘이 떨어져서 우리의 봉사가 불평을 겸하기 전에 미리미리 하나님으로부터 힘을 공급받는 것이 지혜입니다.

하나님께 힘을 받는 방법 중 하나는 예배입니다. 하나님께 힘을 받는 방법 중 또 하나는 쉼입니다. 하나님이 공급하시는 힘이 떨어져서 봉사를 못하게 되기 전에 미리미리 쉬어야 합니다. 그래서 하나님은 우리에게 정기적인 쉼과 예배를 허락하셨습니다. 계속 봉사하기 위해서는 쉬어야 합니다. 예배해야 합니다. 이것이 안식일이 있는 이유입니다. 우리가 주일마다 하나님을 예배하는 이유입니다. 교회 봉사를 많이 하는 분 중에 봉사를 너무 열심히 한 나머지 예배를 소홀히 하는 경우가 있습니다. 교역자들도 자칫하면 이런 위험에 빠질 수 있습니다.

봉사는 적당해야 한다

봉사도 무리하면 안 됩니다. 하나님께 받은 힘보다 봉사에 쓰는 힘이 많으면 무리한 봉사입니다. 봉사는 적당해야 합니다. 하나님께 받은 힘만큼 봉사해야 합니다. 체력이 되는 만큼 해야 합니다. 재정이 허락하는 만큼 해야 합니다. 때로 아주 특별한 경우에는 힘에 부치도록 봉사해야 할 때도 있을 수 있습니다. 그러나 이것은 말 그대로 특별한 경우에 국한되어야 합니다. 그래야 오래 계속 할 수 있습니다.

집안일은 돌보지 아니하고 봉사하러 밖으로만 다니는 것은 가족들의 불평을 유발합니다. 가장이 식구들을 부양하기 위해 돈 버는 일은 소홀히 하면서 봉사하러만 다닌다면 이것은 안타까운 일입니다. 가족을 돌아보지 않는 것은 불신자보다 악하다고 성경은 준엄하게 경고하고 있습니다. 딤전 5:8

목사인 제가 하는 일 중의 하나는 성도들로 하여금 봉사하게 하는 것입니다. 동시에 제가 하는 일은 무리하게 봉사하지 않도록 하는 것입니다. 때로 이 일은 오해를 사기도 합니다. 봉사하는 것을 말리는 목사가 낯설기 때문입니다. 봉사를 권하는 것도, 봉사를 줄여 주는 것도 하나님의 나라를 위해서입니다. 또한, 사랑하는 성도들을 위해서입니다.

하나님의 영광이 되도록 봉사하라

원망 없이 감사함으로 봉사하기 위해 성경이 가르쳐 주는 방법에 공통으로 들어 있는 것이 있습니다. 다 하나님이 들어 있습니다. '하나님이 주신 은사, 하나님이 주신 은혜, 하나님이 주신 힘.' 봉사는 은사와 은혜와 힘이 있어야 합니다. 이것들은 모두 하나님에게서 옵니다. 하나님이 주신 은사와 하나님으로부터 받은 은혜와 하나님이 공급하시는 힘으로 봉사해야 합니다. 바울은 빌립보에 있는 성도들에게 써 보낸 편지에서 "하나님의 성령으로 봉사하며"빌 3:3라고 했습니다.

우리가 이렇게 하나님의 것으로 봉사해야 하는 이유가 있습니다. "이는 범사에 예수 그리스도로 말미암아 하나님이 영광을 받으시게 하려 함이니 그에게 영광과 권능이 세세에 무궁하도록 있느니라 아멘."벧전 4:11 하나님의 것으로 봉사해야 하나님이 영광을 받으십니다. 하나님께 영광을 돌리고 하나님을 영화롭게 하는 것은 우리 삶의 목적입니다. 이것은 우리의 봉사를 통해서도 구현되어야 합니다. 하나님께 영광이 되는 봉사가 우리의 봉사가 되어야 합니다.

성령이 우리로 하여금 일을 즐겁게 하시고,
일하고 싶어 가슴 뛰게 하십니다.
또한 일할 수 있는 힘과
일을 잘 할 수 있는 지혜도 주십니다.

하나님께서 사람에게 일을 주시고, 또 일할 수 있는 힘을 얻는 밥을 주셨습니다. 하지만 사람은 땅 밥으로만 살 수 없습니다. 사람은 땅 밥과 더불어 하늘 밥도 먹어야 합니다. 하늘에서 내려온 밥이 있습니다.

1장

밥을 주신 하나님

● 하나님께서 사람에게 일을 주시고 밥을 주셨습니다. 일을 주실 때 일을 하는데 필요한 것도 함께 주셨습니다. 그것이 밥입니다. "하나님이 이르시되 내가 온 지면의 씨 맺는 모든 채소와 씨 가진 열매 맺는 모든 나무를 너희에게 주노니 너희의 먹을 거리가 되리라." 창 1:29

밥은 하나님이 주신다

많은 사람들이 오고가는 곳에 서서 사람들을 바라본 적이 있습니다. 그러다 문득 든 생각이 '이 많은 사람들이 다 무얼 먹고 살까'였습니다. 이 많은 사람들에게 밥을 주시는 하나님은 참 대단하시다는 생각을 했습니다.

성경은 하나님을 밥 주시는 분으로 소개합니다. "[14]그가 가축을 위한 풀과 사람을 위한 채소를 자라게 하시며 땅에서 먹을 것이 나게 하셔서 [15]사람의 마음을 기쁘게 하는 포도주와 사람의 얼굴을 윤택하게 하는 기름과 사람의 마음을 힘있게 하는 양식을 주셨도다." 시 104:14-15

바울은 하나님을 '심는 자에게 씨와 먹을 양식을 주시는 이'라고 소개했습니다. "심는 자에게 씨와 먹을 양식을 주시는 이가 너희 심을 것을 주사 풍성하게 하시고 너희 의의 열매를 더하게 하시리니." 고후 9:10

예수님이 이 세상에 오셔서 오병이어와 칠병이어 기적을 베푸셨습니다. 물고기 두 마리와 떡 다섯 덩이로 오천 명을 먹이셨고, 물고기 두 마리와 떡 일곱 개로 사천 명을 먹이셨습니다. 이것은 '나는 너희에게 밥을 주는 하나님'이라는 장엄한 선포였습니다.

예수님은 우리에게 기도를 가르치시면서 하나님께 "오늘 우리에게 일용할 양식을 주시옵고" 마 6:11 라고 구하라고 했습니다. 이 기도 속에는 날마다 하나님이 밥 주시는 분임을 인정하고 고백하라는 의미가 들어 있습니다.

밥 주시는 하나님은 우리에게 밥을 주시면서, 밥이 아닌 '밥 주시는 하나님'을 의지할 것을 요구하십니다. 양식을 의지하면 양식을 끊으십니다. "그가 또 그 땅에 기근이 들게 하사 그들이 의지하고 있는 양식을 다 끊으셨도다."시 105:16 하나님은 "예루살렘과 유다가 의뢰하며 의지하는 것을 제하여 버리시되 곧 그가 의지하는 모든 양식과 그가 의지하는 모든 물"사 3:1을 그리하셨습니다.

하나님은 양식을 위해 타협하지 말라고 가르칩니다. 이스라엘은 "애굽 사람과 앗수르 사람과 악수하고 양식을 얻어 배불리고자"애 5:6 했던 일을 회개했습니다.

우리가 잘 아는 "목숨을 위하여 무엇을 먹을까 무엇을 마실까 몸을 위하여 무엇을 입을까 염려하지 말라"마 6:25는 예수님의 말씀에도 이런 의미가 들어 있습니다.

밥 먹어야 산다

사람은 밥을 먹어야 삽니다. 만약 이 책이 빵을 주식으로 하는 나라 언어로 번역된다면, '사람을 빵을 먹어야 삽니다'

로 번역될 것입니다. 성경에 기록된 떡을 이 책에서는 밥이라고 표현했습니다. 여기서 밥은 단순한 밥만을 의미하는 것이 아니라 하나님이 사람에게 주신 모든 먹거리를 포괄하는 표현입니다.

사람은 밥을 먹으면 살고, 먹지 못하면 죽습니다. 밥을 먹으면 강건해집니다. "음식을 먹으매 강건하여지니라."행 9:19 밥을 먹지 않으면 약해집니다. 시편 기자는 "내가 음식 먹기도 잊었으므로 내 마음이 풀 같이 시들고 말라 버렸사오며"시 102:4라고 고백했습니다. 건강하기 위해서는, 살기 위해서는 밥을 먹어야 합니다. 하나님께서 사람에게 밥을 주신 것은 사람을 살게 하기 위함입니다.

밥 먹어야 일한다

하나님이 사람에게 밥을 주신 것은 일하게 하기 위함입니다. 일을 하기 위해서는 힘이 필요합니다. 하나님께서는 사람이 밥을 통해 힘을 얻도록 디자인하셨습니다.

일과 밥은 밀접한 관계가 있습니다. 하나님께서는 모세를 통해 "곡식 떠는 소에게 망을 씌우지 말지니라"신 25:4고 하셨습니다. 곡식 떠는 소는 일하는 소입니다. 일하는 소는 먹게 하라는 것입니다. 바울은 데살로니가교회를 향해 "누구든지 일하기 싫어하거든 먹지도 말게 하라"살후 3:10고 했습니다. 일과 밥의 관계를 극명하게 설명해 주는 구절입니다. 우리가 밥을 먹는 이유는 일하기 위함입니다.

밥은 소중하다

밥을 하찮게 여기는 사람들이 있습니다. 밥이 넘쳐나는 시대를 살기 때문에 그런지 모릅니다. '어떻게 하면 밥을 먹을 것인가'가 아니라, '어떻게 하면 밥을 덜 먹을 것인가'를 고민하는 시대를 사는 사람들에게 밥은 하찮게 보일 수 있습니다.

하나님께서 출애굽한 이스라엘 백성에게 광야에서 만나와 메추라기를 먹이셨습니다. 시편 기자는 이것을 하늘 양식이라고 했습니다. "그들에게 만나를 비 같이 내려 먹이시며 하늘 양식을 그들에게 주셨나니."시 78:24 "그들이 구한즉 메추라기를 가져 오시고 또 하늘의 양식으로 그들을 만족하게 하셨도다."시 105:40 하나님은 하늘 양식을 이스라엘 백성에게 날마다 공급해 주셨습니다. 흔하면 귀한 줄 모릅니다. 이스라엘 백성은 하늘 양식인 만나를 '하찮은 음식'이라고 했습니다. 이스라엘 백성은 하나님과 모세를 향하여 원망하며 "어찌하여 우리를 애굽에서 인도해 내어 이 광야에서 죽게 하는가 이 곳에는 먹을 것도 없고 물도 없도다 우리 마음이 이 하찮은 음식을 싫어하노라"민 21:5고 했습니다.

밥이 하찮게 보이고, 도무지 밥의 소중함을 알 수 없다면 금식을 권합니다. 금식하면 밥의 소중함이 뼛속까지 전해집니다.

2장

땅밥

● 하나님이 사람에게 먹거리로 주신 것들은 아주 많습니다. 먹으면 힘이 나는 것들입니다. 밥은 크게 땅에서 나는 밥과 하늘에서 내려온 밥으로 나눌 수 있습니다. 땅 밥도 하늘 밥도 다 하나님이 주신 밥입니다.

채소는 먹거리 목록 버전 1.0에 있다

성경을 보면 하나님께서 사람에게 먹으라고 허락하신 음식이 있습니다. 하나님이 사람을 창조하시고 처음에는 '씨 맺는 모든 채소와 씨 가진 열매 맺는 모든 나무'를 먹거리로 주셨습니다. "하나님이 이르시되 내가 온 지면의 씨 맺는 모든 채소와 씨 가진 열매 맺는 모든 나무를 너희에게 주노니 너희의 먹을 거리가 되리라."창 1:29 이 말씀에 근거해 채식만 고집하는 분들이 있습니다. 채소가 맛있고 좋아서 채식하는 것은 상관없으나 성경을 그 근거로 삼는 것은 곤란합니다. 먹거리와 관련된 말씀은 여기서 끝나지 않습니다.

고기는 먹거리 목록 버전 2.0에 있다

노아 홍수 후에 하나님은 아담과 하와에게 주셨던 것처럼 노아와 그의 아들들에게 복과 일을 주셨습니다.

"¹하나님이 노아와 그 아들들에게 복을 주시며 그들에게 이르시되 생육하고 번성하여 땅에 충만하라 ²땅의 모든 짐승과 공중의 모든 새와 땅에 기는 모든 것과 바다의 모든 물고기가 너희를 두려워하며 너희를 무서워하리니 이것들은 너희의 손에 붙였음이니라."창 9:1-2

노아와 그 아들들에게 복과 일을 주신 하나님은 그들에게 밥을 주셨습니다. "모든 산 동물은 너희의 먹을 것이 될지라 채소 같이 내가 이것을 다 너희에게 주노라."창 9:3 하나님은 사람에게 "고기를 그 생명 되는 피째 먹지 말 것"창 9:4이라는 주의 사항과 함께 산 동물을 먹거리로 주셨습니다.

하나님께서 사람에게 채소와 고기만 먹거리로 주신 것은 아닙니다. 성경을 보면 다양한 먹거리를 주셨습니다. 염소의 젖도 주시고 밀가루와 기름과 꿀도 주셨습니다. 메뚜기도 주셨습니다. "염소의 젖은 넉넉하여 너와 네 집의 음식이 되며 네 여종의 먹을 것이 되느니라."잠 27:27 "또 내가 네게 주어 먹게 한 내 음식물 곧 고운 밀가루와 기름과 꿀을 네가 그 앞에 베풀어 향기를 삼았나니 과연 그렇게 하였느니라 주 여호와의 말씀이니라."겔 16:19 "이 요한은 낙타털 옷을 입고 허리에 가죽 띠를 띠고 음식은 메뚜기와 석청이었더라."마 3:4

먹거리 목록 버전 3.0에 삼겹살은 없다

레위기 11장에는 여호와께서 모세와 아론에게 적어 주신 땅과 물과 하늘에 있는 생물 중에 먹을 만한 생물 목록이 나옵니다. 그 목록은 다음과 같습니다.

"¹여호와께서 모세와 아론에게 말씀하여 이르시되 ²이스라엘 자손에게 말하여 이르라 육지의 모든 짐승 중 너희가 먹을 만한 생물은 이러하니 ³모든 짐승 중 굽이 갈라져 쪽발이 되고 새김질하는 것은 너희가 먹되 ⁴새김질하는 것이나 굽이 갈라진 짐승 중에도 너희가 먹지 못할 것은 이러하니 낙타는 새김질은 하되 굽이 갈라지지 아니하였으므로 너희에게 부정하고 ⁵사반도 새김질은 하되 굽이 갈라지지 아니하였으므로 너희에게 부정하고 ⁶토끼도 새김질은 하되 굽이 갈라지지 아니하였으므로 너희에게 부정하고 ⁷돼지는 굽이 갈라져 쪽발이로되 새김질을 못하므로 너희에게 부정하니 ⁸너희는 이러한 고기를 먹지 말고 그 주검도 만지지 말라 이것들은 너희에게 부정하니라

⁹물에 있는 모든 것 중에서 너희가 먹을 만한 것은 이것이니 강과 바다와 다른 물에 있는 모든 것 중에서 지느러미와 비늘 있는 것은 너희가 먹되 ¹⁰물에서 움직이는 모든 것과 물에서 사는 모든 것 곧 강과 바다에 있는 것으로서 지느러미와 비늘 없는 모든 것은 너희에게 가증한 것이라 ¹¹이들은 너희에게 가증한 것이니 너희는 그 고기를 먹지 말고 그 주검을 가증히 여기라 ¹²수중 생물에 지느러미와 비늘 없는 것은 너희가 혐오할 것이니라

¹³새 중에 너희가 가증히 여길 것은 이것이라 이것들이 가

증한즉 먹지 말지니 곧 독수리와 솔개와 물수리와 [14]말똥가리와 말똥가리 종류와 [15]까마귀 종류와 [16]타조와 타흐마스와 갈매기와 새매 종류와 [17]올빼미와 가마우지와 부엉이와 [18]흰올빼미와 사다새와 너새와 [19]황새와 백로 종류와 오디새와 박쥐니라

[20]날개가 있고 네 발로 기어 다니는 곤충은 너희가 혐오할 것이로되 [21]다만 날개가 있고 네 발로 기어 다니는 모든 곤충 중에 그 발에 뛰는 다리가 있어서 땅에서 뛰는 것은 너희가 먹을지니 [22]곧 그 중에 메뚜기 종류와 베짱이 종류와 귀뚜라미 종류와 팥중이 종류는 너희가 먹으려니와 [23]오직 날개가 있고 기어다니는 곤충은 다 너희가 혐오할 것이니라." 레11:1-23

이 목록 가운데 우리의 관심은 타조와 타흐마스가 아닙니다. 삼겹살을 즐겨 먹는 우리 입장에는 돼지가 주된 관심일 것입니다. 이 목록에 근거하면 돼지는 먹지 말아야 합니다. 그래서 실제 이 목록에 근거해서 돼지고기를 먹지 말라고 권하는 경우도 있습니다. 삼겹살 좋아하는 분들은 난감할 수 있습니다.

이 목록에 근거해서 일차적으로 채식을 권하고, 그래도 고기를 먹기 원하는 사람들에게는 두 번째 목록에 들어 있는

것까지만 먹으라고 권하는 경우가 있습니다. 만약 이것이 최종 식용 목록이라면 성경을 인생 지침으로 삼는 사람은 돼지고기를 먹지 말아야 합니다.

돼지는 먹거리 목록
최종 버전에 들어 있다

하지만 성경의 먹거리 목록은 한 번 더 업그레이드 됩니다. 베드로가 욥바 시에서 기도할 때에 황홀한 중에 환상을 보았습니다. 큰 보자기 같은 그릇이 네 귀에 매어 하늘로부터 내리어 베드로 앞에까지 드리워졌습니다. 베드로가 이것을 주목하여 보니 땅에 네 발 가진 것과 들짐승과 기는 것과 공중에 나는 것들이 보였습니다. 레위기 11장에 하나님이 먹지 말라고 한 것들이 큰 보자기 같은 그릇에 가득한 겁니다. 이때 베드로에게 소리가 들렸습니다. "베드로야 일어나 잡아먹으라." 베드로가 화들짝 놀라 "주님 그럴 수 없나이다. 속되거나 깨끗하지 아니한 것은 결코 내 입에 들어간 일이 없나이다"라고 소리쳤습니다. 또 하늘에서 두 번째 소리가 베드로에게 들렸습니다. "하나님이 깨끗하게 하신 것을 네가 속되다고 하지 말라." 이런 일이 세 번 있은 후에 모든 것이 다시 하늘로 끌려 올라갔습니다. 사도행전 11장에 나오는 내용입니다. 베드로는 이 일 후에 가이사랴에서 보낸 사람을 따라가 하나님께서 이방인에게도 생명 얻는 회개를 주신 것을 확인했습니다.

사도행전 15장에는 예루살렘 공의회가 모여 식용 목록 문제를 심도 있게 논의하는 장면이 나옵니다. 그 회의에서 베드로는 "[19]그러므로 내 의견에는 이방인 중에서 하나님께로 돌아오는 자들을 괴롭게 하지 말고 [20]다만 우상의 더러운 것과 음행과 목매어 죽인 것과 피를 멀리하라고 편지하는 것이 옳으니 [21]이는 예로부터 각 성에서 모세를 전하는 자가 있어 안식일마다 회당에서 그 글을 읽음이라"행 15:19-21고 발언했습니다. 베드로의 의견이 예루살렘 공의회 결정이 되어 각처로 전달되었습니다. 예루살렘 공의회 결정문은 다음과 같습니다.

"[23]사도와 장로 된 형제들은 안디옥과 수리아와 길리기아에 있는 이방인 형제들에게 문안하노라 [24]들은즉 우리 가운데서 어떤 사람들이 우리의 지시도 없이 나가서 말로 너희를 괴롭게 하고 마음을 혼란하게 한다 하기로 [25]사람을 택하여 우리 주 예수 그리스도의 이름을 위하여 생명을 아끼지 아니하는 자인 우리가 사랑하는 바나바와 바울과 함께 너희에게 보내기를 만장일치로 결정하였노라 ²⁷그리하여 유다와 실라를 보내니 그들도 이 일을 말로 전하리라 ²⁸성령과 우리는 이 요긴한 것들 외에는 아무 짐도 너희에게 지우지 아니하는 것이 옳은 줄 알았노니 ²⁹우상의 제물과 피와 목매어 죽인 것과 음행을 멀리할지니라 이에 스스로 삼가면 잘되리라 평안함을 원하노라." 행 15:23-29

이것이 먹거리 목록과 관련된 성경의 최종 버전입니다. 신약을 성경으로 받아들이지 않는 사람들에게는 레위기 11장이 최종 버전입니다. 신약이 성경임을 믿는 그리스도인들에게는 사도행전 15장이 최종 버전입니다. 우상의 제물과 피와 목매어 죽인 것 외에는 편안하게 먹어도 됩니다. 정리합니다. 돼지, 잡아먹어도 됩니다.

우상의 제물은 먹거리 목록 최종 버전에도 없다

우상의 제물은 먹지 말라는 것은 오늘을 사는 우리에게도 유효한 명령입니다. 바울은 고린도교회를 향해 "그런즉 내가 무엇을 말하느냐 우상의 제물은 무엇이며 우상은 무엇이냐"고전 10:19고 반문하며, "무릇 이방인이 제사하는 것은 귀신에게 하는 것이요 하나님께 제사하는 것이 아니니 나는 너희가 귀신과 교제하는 자가 되기를 원하지 아니하노라"고전 10:20고 자신의 뜻을 분명히 밝히고 "너희가 주의 잔과 귀신의 잔을 겸하여 마시지 못하고 주의 식탁과 귀신의 식탁에 겸하여 참여하지 못하리라"고전 10:21고 경고했습니다.

우상의 제물과 관련해서는 고린도전서 8장에 잘 나와 있습니다. 그 지침을 따르면 될 것 같습니다.

"¹우상의 제물에 대하여는 우리가 다 지식이 있는 줄을 아나 지식은 교만하게 하며 사랑은 덕을 세우나니 ²만일 누구든지 무엇을 아는 줄로 생각하면 아직도 마땅히 알 것을 알지 못하는 것이요 ³또 누구든지 하나님을 사랑하면 그 사람은 하나님도 알아 주시느니라 ⁴그러므로 우상의 제물을 먹는 일에 대하여는 우리가 우상은 세상에 아무 것도 아니며 또한 하나님은 한 분밖에 없는 줄 아노라 ⁵비록 하늘에나 땅에나 신이라 불리는 자가 있어 많은 신과 많은 주가 있으나 ⁶그러나 우리에게는 한 하나님 곧 아버지가 계시니 만물이 그에게서 났고 우리도 그를 위하여 있고 또한 한 주 예수 그리스도께서 계시니 만물이 그로 말미암고 우리도 그로 말미암아 있느니라 7그러나 이 지식은 모든 사람에게 있는 것은 아니므로 어떤 이들은 지금까지 우상에 대한 습관이 있어 우상의 제물로 알고 먹는 고로 그들의 양심이 약하여지고 더러워지느니라 8음식은 우리를 하나님 앞에 내세우지 못하나니 우리가 먹지 않는다고 해서 더 못사는 것도 아니고 먹는다고 해서 더 잘사는 것도 아니니라 9그런즉 너희의 자유가 믿음이 약한 자들에게 걸려 넘어지게 하는 것이 되지 않도록 조심하라 10지식 있는 네가 우상의 집에 앉아 먹는 것을 누구든지 보면 그 믿음이 약한 자들의 양심이 담력을 얻어 우상의 제물을 먹게 되지 않겠느냐 11그러면 네 지식으로 그 믿음이 약한 자가 멸망하나니 그는 그리스도께서 위하여 죽으신 형제라 12이같이 너희가 형제에게 죄를 지어 그 약한 양심을 상하게 하는 것이 곧 그리스도에게 죄를 짓는 것이니라 13그러므로 만일 음식이 내 형제를 실족하게 한다면 나는 영원히 고기를 먹지 아니하여 내 형제를 실족하지 않게 하리라." 고전 8:1-13

고린도전서 8장과 더불어 우상의 제물과 관련해 적용할 것이 고린도전서 10장에 나와 있습니다. 당시 사람들은 우상의 제물을 시장에 내다 팔기도 했습니다. 바울은 "무릇 시장에서 파는 것은 양심을 위하여 묻지 말고 먹으라"고전 10:25고 권면했습니다. 또한 바울은 "불신자 중 누가 너희를 청할 때에 너희가 가고자 하거든 너희 앞에 차려 놓은 것은 무엇이든지 양심을 위하여 묻지 말고 먹으라"고전 10:27고 권면했습니다. 우리에게 적용하면, 누가 떡을 주면 이거 고사떡이냐고 묻지 말고 그냥 먹으라는 말입니다.

3장
무엇을 먹을 것인가

● 현대인들의 주요 관심사 중에 하나는 '몸에 좋은 음식'입니다. 이와 관련된 많은 책들이 출판되었습니다. 건강한 먹거리를 향한 관심이 뜨겁습니다. 이 일에 관심이 있다면 영양학자와 의학자들의 도움을 받는 것도 필요합니다.

목사인 제게 '몸에 좋은 음식'에 관한 질문을 하는 사람들은 거의 없지만, 성경을 통해 어떤 음식이 몸에 좋은지 찾아보았습니다. 먼저 음식과 관련해 논쟁하지 말라는 바울의 말부터 듣고 시작합니다.

음식으로 하나님의 사업을 무너지게 하지 말라

먹는 것을 두고 논쟁하고 판단하고 정죄하는 경우가 있습니다. 채식이 성경적이냐, 육식이 성경적이냐를 가지고 논쟁하기도 합니다. 바울은 그러지 말라고 합니다. 음식을 먹는 것과 관련해서 로마서 14장은 우리에게 귀한 지침을 줍니다. 밑줄 친 부분을 주목해서 읽기 바랍니다.

"¹믿음이 연약한 자를 너희가 받되 그의 의견을 비판하지 말라 ²<u>어떤 사람은 모든 것을 먹을 만한 믿음이 있고 믿음이 연약한 자는 채소만 먹느니라</u> ³<u>먹는 자는 먹지 않는 자를 업신여기지 말고 먹지 않는 자는 먹는 자를 비판하지 말라</u> 이는 하나님이 그를 받으셨음이라 ⁴남의 하인을 비판하는 너는 누구냐 <u>그</u>가 서 있는 것이나 넘어지는 것이 자기 주인에게 있으매 그가 세움을 받으리니 이는 그를 세우시는 권능이 주께 있음이라 ⁵어떤 사람은 이 날을 저 날보다 낫게 여기고 어떤 사람은 모든 날을 같게 여기나니 각각 자기 마음으로 확정할지니라 ⁶날을 중히 여기는 자도 주를 위하여 중히 여기고 <u>먹는 자도 주를 위하여 먹으니 이는 하나님께 감사함이요</u>

먹지 않는 자도 주를 위하여 먹지 아니하며 하나님께 감사하느니라 7우리 중에 누구든지 자기를 위하여 사는 자가 없고 자기를 위하여 죽는 자도 없도다 8우리가 살아도 주를 위하여 살고 죽어도 주를 위하여 죽나니 그러므로 사나 죽으나 우리가 주의 것이로다 9이를 위하여 그리스도께서 죽었다가 다시 살아나셨으니 곧 죽은 자와 산 자의 주가 되려 하심이라 10네가 어찌하여 네 형제를 비판하느냐 어찌하여 네 형제를 업신여기느냐 우리가 다 하나님의 심판대 앞에 서리라 11기록되었으되 주께서 이르시되 내가 살았노니 모든 무릎이 내게 꿇을 것이요 모든 혀가 하나님께 자백하리라 하였느니라 12이러므로 우리 각 사람이 자기 일을 하나님께 직고하리라 13그런즉 우리가 다시는 서로 비판하지 말고 도리어 부딪칠 것이나 거칠 것을 형제 앞에 두지 아니하도록 주의하라 14내가 주 예수 안에서 알고 확신하노니 무엇이든지 스스로 속된 것이 없으되 다만 속되게 여기는 그 사람에게는 속되니라 15만일 음식으로 말미암아 네 형제가 근심하게 되면 이는 네가 사랑으로 행하지 아니함이라 그리스도께서 대신하여 죽으신 형제를 네 음식으로 망하게 하지 말라 16그러므로 너희의 선한 것이 비방을 받지 않게 하라 17하나님의 나라는 먹는 것과 마시는 것이 아니요 오직 성령 안에 있는 의와 평강과 희락이라 ¹⁸이로써 그리스도를 섬기는 자는 하나님을 기쁘시게 하며 사람에게도 칭찬을 받느니라 ¹⁹그러므로 우리가 화평의 일과 서로 덕을 세우는 일을 힘쓰나니 ²⁰음식으로 말미암아 하나님의 사업을 무너지게 하지 말라 만물이 다 깨끗하되 거리낌으로 먹는 사람에게는 악한 것이라 ²¹고기도 먹지 아니하고 포도주도 마시지 아니하고 무엇이든지 네 형제로 거리끼게 하는 일을 아니함이 아름다우니라 ²²네게 있는 믿음을 하나님 앞에서 스스로 가지고 있으라 자기가 옳다 하는 바로 자기를 정죄하지 아니하는 자는 복이 있도다 ²³의심하고 먹는 자는 정죄되었나니 이는 믿음을 따라 하지 아니하였기 때문이라 믿음을 따라 하지 아니하는 것은 다 죄니라." 롬 14:1-23

우리는 바울이 한 말을 마음에 새겨야 합니다.

"그리스도께서 대신하여 죽으신 형제를 네 음식으로 망하게 하지 말라." 롬 14:15 "음식으로 말미암아 하나님의 사업을 무너지게 하지 말라." 롬 14:20 "그러므로 만일 음식이 내 형제를 실족하게 한다면 나는 영원히 고기를 먹지 아니하여 내 형제를 실족하지 않게 하리라." 고전 8:13

목숨이 음식보다 귀한 것처럼 사람이 음식보다 귀합니다.

의로운 돈으로 산 음식이 몸에 좋다

성경은 어떤 돈으로 마련한 음식이냐를 중요하게 여깁니다. 같은 음식이라도 그 음식을 마련한 돈이 어떤 돈이냐에 따라 몸에 좋을 수도 그렇지 않을 수도 있습니다. 성경은 "불의의 재물은 무익"잠 10:2하다고 선언합니다. 아무리 유기농으로 오염되지 않게 재배한 재료를 사용해 음식을 만들었어도 그것을 구입한 돈이 불의한 돈이면 무익합니다. 건강에 무익합니다. 무익할 뿐 아니라 오히려 해가 됩니다. "도둑질한 물이 달고 몰래 먹는 떡이 맛이 있다"잠 9:17고 하는 사람들을 향해 성경은 "오직 그 어리석은 자는 죽은 자들이 거기 있는 것과 그의 객들이 스올 깊은 곳에 있는 것을 알지 못하느니라" 잠 9:18고 선언하고 있습니다.

음식의 재료가 유기농이냐 아니냐에 관심을 갖는 것도 필요합니다. 그러나 그보다 더 중요한 것은 어떤 돈으로 산 음식 재료고 음식이냐 입니다. 도둑질한 돈으로 산 음식은 그것이 산해진미라 할지라도 몸에 좋지 않습니다. 오히려 몸에 해가 됩니다.

성경은 악한 눈이 있는 자의 음식을 먹지 말라고 경고합니다. "악한 눈이 있는 자의 음식을 먹지 말며 그의 맛있는 음식을 탐하지 말지어다." 잠 23:6 식사 초대에 참석 여부를 결정할 때, 메뉴가 무엇이냐가 아니라 누가 사는 음식인지를 기준으로 살펴야 합니다. 악한 사람이 사는 밥은 몸에 좋지 않습니다. 밥값을 내는 돈이 악한 돈이기 때문입니다.

땀이 묻은 음식이 몸에 좋다

성경은 무위도식無爲徒食하지 말라고 합니다. 바울이 데살로니가교회 성도들과 함께 있을 때 그들을 향해 "누구든지 일하기 싫어하거든 먹지도 말게 하라" 살후 3:10 고 명했습니다. 이렇게 했음에도 데살로니가교회 교인들 가운데 게으르게 행하여 도무지 일하지 아니하고 일을 만들기만 하는 자들이 있다는 얘기를 전해 들었습니다. 바울은 데살로니가교회에 편지하면서 "이런 자들에게 우리가 명하고 주 예수 그리스도 안에서 권하기를 조용히 일하여 자기 양식을 먹으라 하노라" 살후 3:12 고 다시 한 번 명했습니다.

같은 음식이라도 누가 먹느냐에 따라 효과가 다를 수 있습니다. 같은 음식이라도 게으른 자에게는 안 좋고 부지런한 자에게는 좋을 수 있습니다. 일하고 먹는 밥이 몸에 좋습니다. 땀이 묻은 음식이 몸에 좋습니다. 더 정확히 말하면, 땀을 흘린 후에 먹는 음식, 땀을 흘려 얻은 돈으로 산 음식이 몸에 좋습니다.

4장
어떻게 먹을 것인가

● 저는 밥을 빨리 먹는 편입니다. 일본전산 나가모리 사장의 이야기를 담은 『일본전산 이야기』가 출판될 때 카피로 달린 "목소리 크고 밥 빨리 먹는 사람을 뽑으라"는 말에 귀가 솔깃하기도 했습니다. 밥을 천천히 먹으라는 말을 많이 듣다 보니, 밥을 빨리 먹는 내가 죄인처럼 느껴졌던 것 같습니다. 밥을 천천히 먹으려고 노력은 하는데 잘 안 됩니다. 그나마 성경에 밥 먹는 속도에 대해서는 언급이 없는 게 제게는 다행입니다. 성경에 기록된 유월절 식사 방법을 읽다가 본문의 의미와 상관없이 위로를 받기도 합니다. "너희는 그것을 이렇게 먹을지니 허리에 띠를 띠고 발에 신을

신고 손에 지팡이를 잡고 급히 먹으라 이것이 여호와의 유월절이니라."출 12:11 조크인데 조크로 전달되었나 모르겠습니다.

이 장에서는 하나님께서 주신 먹거리들을 어떻게 먹을지 성경을 통해 알아보고자 합니다.

적당히 먹으라

성경은 꿀이 좋다고 소개하며 꿀을 먹으라고 권합니다. "내 아들아 꿀을 먹으라 이것이 좋으니라 송이꿀을 먹으라 이것이 네 입에 다니라."잠 24:13 그러나 아무리 좋은 것이라도 과식은 하지 말라고 경고합니다. "너는 꿀을 보거든 족하리만큼 먹으라 과식함으로 토할까 두려우니라."잠 25:16 새번역 성경으로 이 말씀을 한 번 더 봅니다. "꿀을 발견하더라도 적당히 먹어라. 과식하면 토할지도 모른다."

과식에 대해서는 성경뿐 아니라 영양학자들과 의학자들도 같은 목소리로 경고하고 있습니다. 적당히 먹는 것이 건강에 좋습니다. 적당, 참 좋은 것입니다. 그러면서도 어렵습니다. 이 글을 쓰는데 배가 걸립니다. 나온 배가 과식의 열매 같아 그렇습니다.

음식을 탐하지 말라

성경은 탐식에 대해 강한 어조로 꾸짖고 경고합니다. "네가 만일 음식을 탐하는 자이거든 네 목에 칼을 둘 것이니라." 잠 23:2 굉장히 강한 표현입니다. 이 말씀의 전후 문맥은 이렇습니다.

"1네가 관원과 함께 앉아 음식을 먹게 되거든 삼가 네 앞에 있는 자가 누구인지를 생각하며 2네가 만일 음식을 탐하는 자이거든 네 목에 칼을 둘 것이니라 3그의 맛있는 음식을 탐하지 말라 그것은 속이는 음식이니라." 잠 23:1-3

성경은 "음식을 탐하는 자와 사귀는 자는 아비를 욕되게 하는 자" 잠 28:7라고 하면서 탐식가와 더불어 사귀지 말라고 경고합니다. "술을 즐겨 하는 자들과 고기를 탐하는 자들과도 더불어 사귀지 말라." 잠 23:20 그 이유를 성경은 이렇게 설명합니다. "술 취하고 음식을 탐하는 자는 가난하여질 것이요 잠 자기를 즐겨 하는 자는 해어진 옷을 입을 것임이니라." 잠 23:21 성경은 이렇게 말합니다. "이익을 탐하는 모든 자의 길은 다 이러하여 자기의 생명을 잃게 하느니라" 잠 1:19 음식을 탐하는 것 역시 예외가 아닙니다.

이것을 깨달은 믿음의 선배들은 이렇게 기도했습니다. "곧 헛된 것과 거짓말을 내게서 멀리 하옵시며 나를 가난하게도 마옵시고 부하게도 마옵시고 오직 필요한 양식으로 나를 먹이시옵소서." 잠 30:8

어떤 음식물이든지 감사함으로 먹으라

바울은 디모데전서에서 "후일에 어떤 사람들이 믿음에서 떠나 미혹하는 영과 귀신의 가르침을 따르리라" 딤전 4:1 면서 그들을 '자기 양심이 화인을 맞아서 외식함으로 거짓말하는 자들'이라고 일러주었습니다. 바울은 디모데에게 그들이 "혼인을 금하고 어떤 음식물은 먹지 말라고 할 터이나 음식물은 하나님이 지으신 바니 믿는 자들과 진리를 아는 자들이 감사함으로 받을 것이니라" 딤전 4:3 고 가르쳤습니다. 바울은 "4하나님께서 지으신 모든 것이 선하매 감사함으로 받으면 버릴 것이 없나니 5하나님의 말씀과 기도로 거룩하여짐이라" 딤전 4:4-5 이라고 설명했습니다.

감사함으로 먹으라는 말씀 속에는 원망하며 불평하며 먹지 말라는 의미가 포함되어 있습니다. 감사함으로 먹는 음식이 몸에 좋습니다. 식사 기도는 그리스도인의 단순한 관습이 아닙니다. 식사 때마다 드리는 감사 기도는 우리가 먹는 음식을 거룩하게 하는 위대한 작업입니다. 거룩한 음식은 몸에도 좋습니다.

성경을 보면 하나님께서 밥에도 복을 주십니다. "25네 하나님 여호와를 섬기라 그리하면 여호와가 너희의 양식과 물에 복을 내리고 너희 중에서 병을 제하리니 26네 나라에 낙태하는 자가 없고 임신하지 못하는 자가 없을 것이라 내가 너의 날 수를 채우리라." 출 23:25-26 감사함으로 드리는 식사 기도는 음식을 거룩하게 할뿐 아니라 그 음식을 복된 음식이 되게 합니다. 그동안 주식을 먹을 때는 기도하고 간식은 그냥 먹었는데, 이 글을 쓰면서 앞으로는 간식도 감사 기도하고 먹어야 하겠다는 생각을 합니다. 무엇을 먹든지 감사함으로 먹는 것이 몸에 좋습니다.

기쁨으로 네 음식물을 먹으라

성경은 밥을 어떻게 먹을지를 구체적으로 가르쳐 줍니다. 솔로몬은 전도서에서 "너는 가서 기쁨으로 네 음식물을 먹고 즐거운 마음으로 네 포도주를 마실지어다 이는 하나님이 네가 하는 일들을 벌써 기쁘게 받으셨음이니라"전 9:7고 했습니다. 음식은 기쁨으로 먹어야 합니다. 인상 쓰고 먹은 밥은 몸에 좋지 않습니다. 기쁨으로 먹으면, 어떤 음식을 먹어도 몸에 좋습니다. 살찔까 봐 걱정하면서 먹는 밥은 몸에 좋지 않습니다.

밥상머리 대화 주제는 잘 정해야 합니다. 아무 얘기나 하는 것은 건강에 해가 될 수 있습니다. 심각한 얘기는 피하는 것이 좋습니다. 기분 좋게 먹는 밥이 몸에 좋습니다. 항상 기뻐해야 하지만, 특별히 더 신경 써야 할 시간은 식사 시간입니다.

화목한 분위기에서 먹으라

사람들과 좋은 관계를 유지해야 합니다. 특별히 밥을 같이 먹는 사람과는 사이가 좋아야 합니다. 혹 관계가 좋지 않은 상황이라면 서둘러 좋은 관계로 회복해야 합니다. 가족은 사이가 좋아야 합니다. 화목해야 합니다. 가족은 밥을 같이 먹는 사이이기 때문입니다. 교인은 사이가 좋아야 합니다. 화목해야 합니다. 교인은 밥을 같이 먹는 사이이기 때문입니다.

성경은 "마른 떡 한 조각만 있고도 화목하는 것이 제육이 집에 가득하고도 다투는 것보다 나으니라"잠 17:1고 일러줍니다. 화목한 가운데서 먹는 마른 떡 한 조각이 다투면서 먹는 청정 한우보다 건강에 좋다는 말입니다.

평소 분위기가 좋다가도 식사 때만 되면 언성이 높아지고 마음이 상하는 경우가 있습니다. 식사 시간을 전쟁이라고 표현하는 집도 있습니다. 왜 밥을 안 먹느냐, 왜 몸에 좋은데 안 먹느냐, 왜 밥 먹으러 빨리 안 오느냐가 발단이 되는 경우가 많습니다. 선호하는 음식의 차이가 발단이 되기도 합니다. 엄마는 현미밥이 몸에 좋다고 날마다 현미밥을 해 놓는데 자녀는 현미밥이 싫다고 쌀밥을 고집하는 경우도 있습니다. 아들과 다투면서 현미밥 먹이는 것과 기분 좋게 쌀밥 먹도록 하는 것 중에 어느 것이 몸에 좋을지를 생각해 봅니다. 잠언 17장 1절을 '쌀밥을 먹으며 화목하는 것이 현미밥을 먹으며 다투는 것보다 낫다'고 적용하는 것은 무리일까요?

음식을 만든 사람 입장에서는 밥을 차려 놓으면 식구들이 서둘러 와서 맛있게 먹어 주길 바랍니다. 그런데 이것이 생각처럼 쉬운 일은 아닙니다. 밥을 안 한 사람은 밥 먹는 것보다

'중요하고 급한 일'이 많습니다. 밥을 한 사람 입장에서는 하나도 중요하지도 급하지도 않은 일들로 '꾸물거리는' 식구들을 보면 속에서 뜨거운 기운이 올라옵니다. 그러다 밥한 사람이 소리라도 지르면 그날 식사 분위기는 엉망이 됩니다. 이 말에 식구 중에 누구 하나라도 맞대응하면 싸움이 됩니다. 사랑은 음식을 정성스레 차려 놓으면 빛의 속도로 식탁으로 달려가는 것입니다. 사랑은 음식 차려 놓고 오래 참고 기다리는 것입니다.

나눠 먹으라

어떻게 먹는 것이 잘 먹는 것인가? 어떻게 먹는 것이 몸에 좋은가? 지금 우리는 그 답을 성경에서 찾고 있습니다.

야고보는 묻습니다. "15만일 형제나 자매가 헐벗고 일용할 양식이 없는데 16너희 중에 누구든지 그에게 이르되 평안히 가라, 덥게 하라, 배부르게 하라 하며 그 몸에 쓸 것을 주지 아니하면 무슨 유익이 있으리요." 약 2:15-16

성경은 양식을 가난한 자에게 주는 자를 선한 눈을 가진 자라고 하면서 그는 복을 받을 것이라고 합니다. "선한 눈을 가진 자는 복을 받으리니 이는 양식을 가난한 자에게 줌이니라."잠 22:9 하나님이 기뻐하시는 금식은 "주린 자에게 네 양식을 나누어 주며 유리하는 빈민을 집에 들이며 헐벗은 자를 보면 입히며 또 네 골육을 피하여 스스로 숨지 아니하는 것"사 58:7이라고 가르칩니다. 양식을 나누는 자에게 하나님은 "네 빛이 새벽 같이 비칠 것이며 네 치유가 급속할 것"사 58:8이라고 약속하셨습니다. 하나님은 이사야를 통해 주린 자에게 네 심정이 동하며 괴로워하는 자의 심정을 만족하게 하면 "10네 빛이 흑암 중에서 떠올라 네 어둠이 낮과 같이 될 것이며 11여호와가 너를 항상 인도하여 메마른 곳에서도 네 영혼을 만족하게 하며 네 뼈를 견고하게 하리니 너는 물 댄 동산 같겠고 물이 끊어지지 아니하는 샘 같을 것"사 58:10-11이라고 약속했습니다.

어떻게 먹는 것이 잘 먹는 것이냐고 성경에 물었더니 성경은 나눠 먹으라고 대답합니다. 심지어 그 상대가 원수라 할지라도 성경은 배고파하거든 먹이라고 합니다. "네 원수가 배고파하거든 음식을 먹이고 목말라하거든 물을 마시게 하라."잠 25:21

대접하라

음식은 가난한 사람에게만 나누는 것이 아닙니다. 가난하지 않은 사람과도 음식은 나눠야 합니다. 나눠 먹어야 합니다. 이것이 대접입니다. 성경에는 '대접하라'는 말씀이 많이 나옵니다. 히브리서는 "손님 대접하기를 잊지 말라"히 13:2고 권면하면서 부지중에 천사들을 대접한 이들이 있었다고 소개합니다. 그 사람들 중에 우리가 잘 아는 아브라함도 있습니다.

구약성경에 대접 잘한 수넴 여인이 등장합니다. "하루는 엘리사가 수넴에 이르렀더니 거기에 한 귀한 여인이 그를 간권하여 음식을 먹게 하였으므로 엘리사가 그 곳을 지날 때마다 음식을 먹으러 그리로 들어갔더라."왕하 4:8 엘리사에게 수넴 여인의 집은 편했던 것 같습니다. 수넴 여인의 아들이 죽었을 때 엘리사가 그를 다시 살린 것은 열왕기하 4장에 자세히 기록되어 있습니다.

신약성경에는 대접 잘한 마르다와 마리아와 나사로 가족이 나옵니다. 예수님이 베다니에 머무실 때 이 집에 자주 머무셨습니다. 이들은 예수님을 잘 대접했습니다. 죽은 나사로를 예수님께서 살려 주셨습니다.

대접한 집에서는 놀라운 일이 일어났습니다. 죽은 아들이 살아나고 죽은 오라비가 살아났습니다. 대접하면 좋게 됩니다. 성경에 기록된 대접한 결과를 모니터링하고 얻은 결론입니다. 대접하기를 즐겨하는 것은 좋은 습관입니다.

때로는 특식도 필요하다

살다 보면 특별한 식사를 할 때가 있습니다. 사람에게는 특식이 필요합니다. 성경에도 특식이 나옵니다.

엘리야가 먹은 특식은 천사의 음식입니다. 천사가 준 특식입니다. 우리가 잘 아는 대로 엘리야가 낙심했을 때가 있습니다. 850명의 이방 선지자들과 맞서 하늘에서 불을 내린 직후입니다. 아합 왕의 아내 이세벨이 엘리야를 죽이겠다고 사람을 보내 협박했습니다. 엘리야는 이 말을 듣고 광야로 도망쳤습니다. 그는 로뎀나무 아래서 죽기를 간구했습니다. 그때 천사가 특식을 들고 찾아왔습니다. "여호와의 천사가 또다시 와서 어루만지며 이르되 일어나 먹으라 네가 갈 길을 다 가지 못할까 하노라 하는지라." 왕상 19:7

때로 우리에게도 천사의 특식이 필요합니다. 지친 사람, 탈진한 사람, 낙심한 사람에게는 천사의 특식이 대책입니다. 때로 하나님께서 우리를 '하나님의 사자'로 쓰실 때가 있습니다. 우리 손에 특식을 들려 천사가 엘리야를 찾아간 것처럼 누군가를 찾아가게 하실 때가 있습니다.

베드로도 특식을 먹은 적이 있습니다. 베드로가 먹은 특식은 숯불 생선 구이입니다. 때로는 교훈보다 숯불 생선 구이가 먼저인 경우도 있습니다. 다음은 베드로가 특식을 먹는 장면입니다.

"1그 후에 예수께서 디베랴 호수에서 또 제자들에게 자기를 나타내셨으니 나타내신 일은 이러하니라 2시몬 베드로와 디두모라 하는 도마와 갈릴리 가나 사람 나다나엘과 세베대의 아들들과 또 다른 제자 둘이 함께 있더니 3시몬 베드로가 나는 물고기 잡으러 가노라 하니 그들이 우리도 함께 가겠다 하고 나가서 배에 올랐으나 그 날 밤에 아무 것도 잡지 못하였더니 4날이 새어갈 때에 예수께서 바닷가에 서셨으나 제자들이 예수이신 줄 알지 못하는지라 5예수께서 이르시되 얘들아 너희에게 고기가 있느냐 대답하되 없나이다 6이르시되 그물을 배 오른편에 던지라 그리하면 잡으리라 하시니 이에 던

졌더니 물고기가 많아 그물을 들 수 없더라 7예수께서 사랑하시는 그 제자가 베드로에게 이르되 주님이시라 하니 시몬 베드로가 벗고 있다가 주님이라 하는 말을 듣고 겉옷을 두른 후에 바다로 뛰어 내리더라 8다른 제자들은 육지에서 거리가 불과 한 오십 칸쯤 되므로 작은 배를 타고 물고기 든 그물을 끌고 와서 9육지에 올라보니 숯불이 있는데 그 위에 생선이 놓였고 떡도 있더라 10예수께서 이르시되 지금 잡은 생선을 좀 가져오라 하시니 11시몬 베드로가 올라가서 그물을 육지에 끌어 올리니 가득히 찬 큰 물고기가 백쉰세 마리라 이같이 많으나 그물이 찢어지지 아니하였더라 12예수께서 이르시되 와서 조반을 먹으라 하시니 제자들이 주님이신 줄 아는 고로 당신이 누구냐 감히 묻는 자가 없더라 13예수께서 가셔서 떡을 가져다가 그들에게 주시고 생선도 그와 같이 하시니라 14이것은 예수께서 죽은 자 가운데서 살아나신 후에 세 번째로 제자들에게 나타나신 것이라." 요 21:1-14

배와 그물을 다 버리고 사람을 낚는 어부가 되기 위해 예수님을 따라나섰다 다시 고기 잡으러 간 베드로, 예수님은 그런 베드로에게 특식을 들고 찾아가셨습니다. 이 예수님이 우리에게도 때로 특식을 들고 찾아오십니다. 특식을 먹으면 힘이 납니다. 다시 일어납니다. 엘리야도, 베드로도 특식을 먹고 다시 일어나 사역지로 복귀했습니다. 하나님은 때로 우리에게 특식을 들고 베드로를 찾아가셨던 예수님 역할을 맡기십니다. 특식이 필요한 사람은 없는지 주위를 둘러보시기 바랍니다.

5장

하늘밥

• 밥을 배가 부르게 먹었는데도 허기가 지는 경우가 있습니다. 사람은 허전하면 계속 먹습니다. 양푼 가득 비벼 포만감을 느낄 때까지 계속 먹습니다. 그러나 이때는 양푼에 밥 비벼 먹을 때가 아닙니다. 그러면 몸만 불어납니다. 배만 나옵니다. 허전함과 공허함은 이 땅의 어떤 음식을 먹어도 채워지지 않습니다. 외로움은 결코 이 땅의 밥으로 해결되지 않습니다. 허전한 마음을 땅 밥으로 채우려는 사람들이 있습니다. 땅 밥은 포만감까지는 느끼게 해줘도 허전한 마음까지 채워 주지는 못합니다. 그렇다면 우리의 허전한 마음은 무엇이 채워 줄 수 있을까요?

하늘 밥이 있다

사람은 밥으로 삽니다. 그러나 사람은 밥으로만 살 수 없습니다. 사탄이 예수님에게 나아와 시험할 때, 예수님은 "사람이 떡으로만 살 것이 아니요 하나님의 입으로부터 나오는 모든 말씀으로 살 것이라"마 4:4는 말씀을 인용하며 사탄의 유혹을 물리치셨습니다. 예수님의 이 말씀 속에는 사람이 땅 밥을 통해서 받는 힘으로만 사는 존재가 아니라는 사실이 담겨 있습니다. 사람들은 대부분 사람이 밥심으로 사는 줄 압니다. 예수님은 우리에게 사람이 밥심으로만 사는 존재가 아님을 일깨워 주고 있습니다. 사람에게는 땅 밥이 주는 힘 외에 또 다른 힘이 필요합니다.

하늘에서 내려온 밥이 있다

예수님은 당신을 소개하시며 '나는 하늘에서 내려온 산 떡'이라고 하셨습니다.

"[47]진실로 진실로 너희에게 이르노니 믿는 자는 영생을 가졌나니 [48]내가 곧 생명의 떡이니라 [49]너희 조상들은 광야에서 만나를 먹었어도 죽었거니와 ⁵⁰이는 하늘에서 내려오는 떡이니 사람으로 하여금 먹고 죽지 아니하게 하는 것이니라 ⁵¹나는 하늘에서 내려온 살아 있는 떡이니 사람이 이 떡을 먹으면 영생하리라 내가 줄 떡은 곧 세상의 생명을 위한 내 살이니라 하시니라 ⁵²그러므로 유대인들이 서로 다투어 이르되 이 사람이 어찌 능히 자기 살을 우리에게 주어 먹게 하겠느냐 ⁵³예수께서 이르시되 내가 진실로 진실로 너희에게 이르노니 인자의 살을 먹지 아니하고 인자의 피를 마시지 아니하면 너희 속에 생명이 없느니라 ⁵⁴내 살을 먹고 내 피를 마시는 자는 영생을 가졌고 마지막 날에 내가 그를 다시 살리리니 ⁵⁵내 살은 참된 양식이요 내 피는 참된 음료로다 ⁵⁶내 살을 먹고 내 피를 마시는 자는 내 안에 거하고 나도 그의 안에 거하나니 ⁵⁷살아 계신 아버지께서 나를 보내시매 내가 아버지로 말미암아 사는 것 같이 나를 먹는 그 사람도 나로 말미암아 살리라 ⁵⁸이것은 하늘에서 내려온 떡이니 조상들이 먹고도 죽은 그것과 같지 아니하여 이 떡을 먹는 자는 영원히 살리라." 요 6:47-58

이 말씀에서 떡은 빵, 즉 밥입니다. 예수님은 당신을 하늘에서 내려온 밥이라고 하시며 자신을 먹으라고 하셨습니다.

예수가 밥이다

기운이 없어 넘어지고 쓰러지는 사람이 있습니다. 분명 밥은 먹었는데 힘없이 무너지는 사람들이 있습니다. 땅 밥만 먹은 사람들입니다. 밥심으로만 살 수 없습니다. 땅에서 나는 밥만 먹고는 살 수 없습니다. 하늘에서 내려온 밥도 먹어야 합니다. 그 밥이 예수입니다. 예수를 먹어야 합니다. 예수를 먹어야 살 힘이 생깁니다. 예수를 먹어야 세상에 빛과 소금으로 살 힘이 생깁니다. 예수를 먹어야 죄를 이길 힘이 생깁니다. 예수를 먹으면 하늘 힘을 받습니다. 이것이 예수님이 성찬식을 제정하시고 자신을 먹으라고 말씀하신 이유입니다.

하늘 밥인 예수는 신령한 음식입니다. "3다 같은 신령한 음식을 먹으며 4다 같은 신령한 음료를 마셨으니 이는 그들을 따르는 신령한 반석으로부터 마셨으매 그 반석은 곧 그리스도시라."고전 10:3-4 예수는 참된 양식입니다. "내 살은 참된 양식이요 내 피는 참된 음료로다."요 6:55 예수가 주시는 양식은 썩지 않을 양식입니다. "썩을 양식을 위하여 일하지 말고 영생하도록 있는 양식을 위하여 하라 이 양식은 인자가 너희에게 주리니 인자는 아버지 하나님께서 인치신 자니라."요 6:27

예수는 우리가 세상을 살아가는 데 필요한 하늘 힘을 공급받는 밥입니다. 안타깝게도 세상의 많은 사람들이 이 밥의 존재를 모르고 삽니다. 사람이 이 밥을 먹지 않으면 허기가 집니다. 밥을 먹고 또 먹어도 허기가 집니다. 이때는 하늘에서 내려온 밥을 먹어야 할 때입니다. 허전한 마음은 하늘에서 내려온 밥을 먹어야 비로소 채워집니다.

예수 밥을 먹으면 살리라

예수를 먹는다는 말이 그리스도인들에게는 자연스러운 표현이지만, 처음 이 말을 듣는 이들에게는 무척 생소할 수 있습니다. 복음이 처음 한국에 들어올 때, 성찬식 때문에 예수 믿는 사람들이 인육을 먹는다는 오해를 받기도 했습니다. 이 소문을 들은 사람들이 사실 확인을 위해 예배당 밖에서 귀를 대고 듣다, 안에서 "이것은 너희를 위하는 내 살이니 받아 먹으라. 이것은 너희를 위하여 흘리는 내 피니 받아 마시라"는 말이 들려 기겁을 하고 도망쳤다는 일화가 있습니다.

예수를 먹는 것은 무엇일까요? 예수 믿고 예수님과 함께 사는 것이 예수 먹는 것입니다. 예수님을 사랑하고, 예수님을 생각하고, 예수님을 바라보고, 예수님을 따르고, 예수님을 전하는 것이 예수 먹는 것입니다.

성경이 밥이다

예수님은 말씀이 육신이 되어 이 땅에 오신 분입니다. 예수님의 말씀을 듣는 것 역시 예수를 먹는 것입니다. 하늘 밥을 먹는 것입니다.

하나님의 말씀, 예수님의 말씀인 성경 역시 밥입니다. 성경은 하나님의 말씀을 먹거리로 표현했습니다. 말씀 듣는 것을 먹는 것이라고 했습니다. 하나님은 에스겔에게 "인자야 너는 발견한 것을 먹으라 너는 이 두루마리를 먹고 가서 이스라엘 족속에게 말하라"겔 3:1고 하셨습니다. 시편 기자는 하나님의 말씀이 "꿀과 송이꿀보다 달도다"시 19:10라고 했습니다. 이사야는 말씀을 먹는 것은 좋은 것을 먹는 것이라고 가르쳐 줍니다. "너희가 어찌하여 양식이 아닌 것을 위하여 은을 달아 주며 배부르게 하지 못할 것을 위하여 수고하느냐 내게 듣고 들을지어다 그리하면 너희가 좋은 것을 먹을 것이며 너희 자신들이 기름진 것으로 즐거움을 얻으리라."사 55:2 성경은 밥입니다. 성경은 맛있는 밥입니다. 성경은 좋은 밥입니다. 성경 읽고 듣는 시간은 하늘 밥을 먹는 시간입니다.

지식을 탐구하기 위해 성경을 읽는 사람이 있습니다. 물론 성경 안에는 지식이 있습니다. 그러나 지식 탐구가 목적이라면, 성경을 읽어 이미 아는 지식을 또 읽어야 하는 것은 지루한 일입니다. 그는 성경을 읽으며 "이건 다 아는 건데"를 반복하다 성경을 덮어 버릴 것입니다. 그러나 성경을 밥으로 먹는 사람은 다릅니다. 믿는 사람은 성경을 밥으로 먹습니다. 같은 밥을 먹어도 먹을 때마다 힘이 나는 것처럼, 같은 성경을 읽어도 읽을 때마다 힘이 나는 것은 믿는 자에게 성경은 밥이기 때문입니다.

일을 주신 하나님은 쉼을 제도화하셨습니다. 일이 즐거우려면 쉬어야 합니다. 하나님이 우리에게 주신 쉼은 모두에게 유익이 되고, 모두를 행복하게 합니다.

1장

쉼을 주신 하나님

● 사람에게 일을 주신 하나님은 쉼도 주셨습니다. 일과 쉼을 함께 주셨습니다. 이 세상을 창조하는 일을 마친 후에 친히 안식하신 하나님은 우리에게도 안식을 주셨습니다. 하나님은 안식하라고 명하셨습니다. 안식은 명령입니다.

안식, 안식일

안식, 안식일에 대해서 좀 길게 설명을 할 필요가 있습니다. 안식이 단순한 쉼만을 의미하는 것이 아니기 때문입니다.

그러나 이 책에서는 안식, 안식일에 대해서는 짧게 핵심만 설명하고 그 속에 들어 있는 쉼을 중심으로 이야기하려 합니다.

안식일을 지키라는 명령 속에는 '창조주 하나님을 기억하라, 구원의 하나님을 기억하라'는 의미가 들어 있습니다.

"⁸안식일을 기억하여 거룩하게 지키라 ⁹엿새 동안은 힘써 네 모든 일을 행할 것이나 ¹⁰일곱째 날은 네 하나님 여호와의 안식일인즉 너나 네 아들이나 네 딸이나 네 남종이나 네 여종이나 네 가축이나 네 문안에 머무는 객이라도 아무 일도 하지 말라 ¹¹이는 엿새 동안에 나 여호와가 하늘과 땅과 바다와 그 가운데 모든 것을 만들고 일곱째 날에 쉬었음이라 그러므로 나 여호와가 안식일을 복되게 하여 그 날을 거룩하게 하였느니라." 출 20:8-11

이 말씀은 창조주 하나님을 기억하라는 의미와 함께 '하나님이 세상을 창조하시고 안식하셨으니 너희도 안식하라'는 의미가 담겨 있습니다.

"¹²네 하나님 여호와가 네게 명령한 대로 안식일을 지켜 거룩하게 하라 ¹³엿새 동안은 힘써 네 모든 일을 행할 것이나 ¹⁴일곱째 날은 네 하나님 여호와의 안식일인즉 너나 네 아들이나 네 딸이나 네 남종이나 네 여종이나 네 소나 네 나귀나 네 모든 가축이나 네 문 안에 유하는 객이라도 아무 일도 하지 못하게 하고 네 남종이나 네 여종에게 너 같이 안식하게 할지니라 15너는 기억하라 네가 애굽 땅에서 종이 되었더니 네 하나님 여호와가 강한 손과 편 팔로 거기서 너를 인도하여 내었나니 그러므로 네 하나님 여호와가 네게 명령하여 안식일을 지키라 하느니라." 신 5:12-15

이 말씀의 의미는 '하나님이 너를 구원해 주셨으니 너는 안식일을 지키라'입니다. 구원해 주신 하나님을 기억하라는 의미가 담겨 있습니다.

안식일을 지키라는 명령 속에 들어 있는 하나님의 깊은 뜻은 이 세상을 창조해 주신 하나님, 우리를 구원해 주신 하나님을 기억하며 그 하나님을 예배하며 그 하나님께 감사하라는 것입니다. 이것은 다음 말씀을 통해서도 그 의미가 분명히 드러납니다.

"13만일 안식일에 네 발을 금하여 내 성일에 오락을 행하지 아니하고 안식일을 일컬어 즐거운 날이라, 여호와의 성일을 존귀한 날이라 하여 이를 존귀하게 여기고 네 길로 행하지 아니하며 네 오락을 구하지 아니하며 사사로운 말을 하지 아니하면 14네가 여호와 안에서 즐거움을 얻을 것이라 내가 너를 땅의 높은 곳에 올리고 네 조상 야곱의 기업으로 기르리라 여호와의 입의 말씀이니라." 사 58:13-14

오늘날 우리는 예수님이 부활하신, 안식 후 첫날인 주일에 매주 교회로 모이고 있습니다. 모여 하나님을 예배하며 성도들과 교제하며 복음을 전하며 이웃에게 선을 행하고 있습니다. 이렇게 안식일을 지키고 있습니다.

안식, 안식일에 대해서는 이것을 기본으로 하고, 이제 안식 가운데 들어 있는 쉼을 살펴보려고 합니다.

쉼을 제도화하신 하나님

사람을 너무나 잘 아시는 하나님은 안식일을 정하시고 사람으로 하여금 의무적으로 쉬게 하셨습니다. 그렇지 않으면 사람이 쉬지 않고 일할 것을 하나님은 이미 아셨습니다. 또한 하나님은 사람이 쉬지 않고 일만 하면 결국 어떻게 될지도 아셨습니다. 그래서 하나님은 사람들을 위하여 안식일을 주셨습니다.

하나님은 결정을 자신이 할 수 있는 사람에게 안식일에 일하지 말라고 명령하셨습니다.

"너나 네 아들이나 네 딸이나 네 남종이나 네 여종이나 네 가축이나 네 문안에 머무는 객이라도 아무 일도 하지 말라." 출 20:10

또한, 하나님은 일을 시키는 관리자에게 그의 관할 아래 있는 사람을 아무 일도 하지 못하게 하라고 명령하셨습니다.

"너나 네 아들이나 네 딸이나 네 남종이나 네 여종이나 네 소나 네 나귀나 네 모든 가축이나 네 문 안에 유하는 객이라도 아무 일도 하지 못하게 하고 네 남종이나 네 여종에게 너같이 안식하게 할지니라." 신 5:14

하나님은 안식일에 일을 금하셨습니다. 일을 주신 하나님이 일을 금하셨습니다. 쉼을 제도화하셨습니다. 빈부귀천을 가리지 않고 모두가 다 쉴 수 있도록 쉼을 법제화하셨습니다. 이것이 안식일을 제정하신 하나님의 또 다른 깊은 뜻입니다.

"²¹여호와께서 이와 같이 말씀하시되 너희는 스스로 삼가서 안식일에 짐을 지고 예루살렘 문으로 들어오지 말며 ²²안식일에 너희 집에서 짐을 내지 말며 어떤 일이라도 하지 말고 내가 너희 조상들에게 명령함 같이 안식일을 거룩히 할지어다." 렘 17:21-22

일하라는 것이 하나님의 명령입니다. 또한 일하지 말고 쉬라는 것도 하나님의 명령입니다.

'나는 쉬지 않고 일했다.' 다시는 이런 자랑을 하지 말아야 합니다. 쉬지 않고 일한 것은 회개할 일이지 자랑할 일이 아닙니다. 일하지 않는 것이 게으름이라면 쉬지 않는 것은 과로입니다. 하나님은 우리에게 이 둘 다를 경계하라고 하십니다. 일과 쉼이 적절해야 합니다. 균형이 있어야 합니다.

일이 즐거우려면 쉬어야 합니다. 쉼이 즐거우려면 일을 해야 합니다. 자기 일이 즐겁기 위해서는 쉼이 있어야 합니다. 오랫동안 그 일을 하기 위해서는 쉬어가며 해야 합니다. 이것은 만고불변의 진리입니다.

사람은 쉬어야 한다

하나님은 엿새 동안 세상을 창조하시고 이레 되는 날 안식하셨습니다. 하나님은 사람에게도 엿새 동안 일하고 이레 되는 날은 안식하라고 하셨습니다. 하나님이 사람에게 쉼을 주셨습니다. 사람에게 일을 주신 하나님은 쉼도 주셨습니다. 일할 수 있는 낮을 만드신 하나님은 쉴 수 있는 밤도 만드셨습니다.

일하는 것은 하나님의 선물입니다. 마찬가지로 쉬는 것 역시 하나님의 선물입니다. 일하라는 말씀에 순종하지 않는 것이 죄듯이 쉬라고 하신 말씀에 순종하지 않는 것도 죄입니다. 그럼에도 많은 경우 게으른 것으로 인해 회개한 경험은 있어도 쉬지 않은 것으로 회개한 경우는 흔치 않습니다. 일하지 않는 것에 대해서는 죄의식을 느끼면서도 쉬지 않은 것은 죄로 여기기보다 오히려 충성으로 여기는 경향이 있습니다. 이러다 보니 쉬지 않고 일하는 것을 미덕처럼 여기기도 합니다.

사람은 쉬어야 합니다. 하나님은 사람을 쉼이 필요한 존재로 만드셨습니다. 쉼을 갖지 못하면 정신이 흐려집니다. 명석한 사람도 멍해집니다. 쉬지 않으면 분별력이 흐려집니다. 쉬지 않으면 피곤합니다. 피곤하면 만사가 귀찮습니다. 귀찮으면 중요한 결정도 대강합니다. 단순한 일을 하는 사람이 쉬지 않고 일하면 능률이 떨어집니다. 기획하고 결정해야 하는 사람이 쉬지 않고 일하면 어리석은 결정을 하기 쉽습니다. 사람은 쉬어야 창조적인 생각을 할 수 있습니다. 뛰어난 인재를 채용해서 멍청하게 일하게 하는 방법은 의외로 간단합니다. 그에게 쉼은 주지 않고 일만 주면 됩니다.

세포에도 쉼이 필요하다

다음은 『OSTIUM key』라는 이름의 계간지, 2009년 가을 Vol.3 '아무도 가르쳐 주지 않은 기술, 쉼'에서 발췌한 내용입니다.

P53세포는 1979년 미국 프린스턴 대학의 레빈 박사 연구팀에 의해 발견된 후, 1993년 미국의 저명한 과학잡지인 SCIENCE에서 '올해의 물질'로 선정되며 의학계에 센세이션을 일으킨 주인공입니다. 이 세포가 주목받은 이유는 다름 아닌, 이것의 독특한 역할 때문입니다.

우리의 몸은 끊임없는 세포 분열을 통해 '성장'하며 최적의 상태를 유지합니다. 이 세포가 활동을 하다 노화되거나 병들면 P53세포가 등장해 손상된 세포에 '분열 정지' 명령을 내립니다. 일종의 '휴식 명령'입니다. 병든 상태로 분열을 계속 진행하면 이 세포는 독소를 뿜어낼 뿐만 아니라 건강한 이웃 세포들까지도 파괴하기 때문입니다. 그렇기 때문에 이 세포에게 필요한 것은 오직, '쉼'밖에 없습니다. 그리고 또 하나, 바로 '회복' 명령을 내립니다. 그러면 손상된 세포들은 곧바로 '복구' 작업에 들어갑니다.

우리 몸을 건강한 상태로 유지시키기 위해 세포에게도 쉼이 필요합니다. 활동한 세포는 쉼을 통하여 더 튼튼하고 단단한 세포로 '재탄생'합니다. 가끔, P53세포의 회복 명령에도 불구하고 도저히 복구가 불가능한 망가진 세포들이 발견됩니다. '휴식' 명령을 내릴 때마다 그것을 무시한 세포들입니다. 이럴 때 세포는 무시무시한 명령을 발표합니다. 바로, '세포 자살'(Apopotosis)입니다. 이 명령을 받은 세포들은 스스로 몸을 조각조각 나눈 후 사라져 버리거나 다른 이웃 세포의 영양분으로 제공됩니다. 그런데 이것보다 더 무서운 것이 있습니다. 바로, P53세포 자체가 손상되는 것입니다. 손상된 세포에게 휴식 신호를 보내는 세포가 제대로 작동하지 못 할 경우 우리 몸은 온갖 돌연변이 세포들이 들끓게 됩니다. 우리 몸이 이런 상태가 되는 것이 바로, '암'입니다.

의학적인 지식이 없는 사람도 이해하기 쉽게 풀어 쓴 이 글을 통해 교훈을 얻습니다. 세포 중에도 쉬라는 말을 안 듣는 세포가 있네요. 과로하는 세포 말입니다. 세포를 쉬게 하는 역할을 맡은 세포가 그 역할을 하지 못할 때 나타나는 결과를 통해, 관리자들이 자신의 관리 아래 있는 사람들에게 필요한 쉼을 보장하고 명령하지 않을 때 어떤 결과가 나타날지 예상할 수 있습니다.

쉬고 싶지만 일이 많아 쉴 수가 없다면 일을 줄이라

만약 쉬고 싶지만 일이 많아서 쉴 수 없는 상태라면 일을 줄여야 합니다. 일을 줄이면 수입이 줄어들기 때문에 줄일 수 없다면 기꺼이 수입을 줄이는 쪽을 택해야 합니다. 수입을 줄임으로 지금의 경제생활을 영위할 수 없다면 지출을 줄여야 합니다. 더 많은 수입을 위해 쉼을 줄이지 말고 그 수입에 맞춰 지출을 줄이는 것이 현명합니다.

모든 일을 다 해야 한다는 생각도 내려놓을 필요가 있습니다. 우리 몸에는 많은 지체가 있습니다. 장도 있고 간도 있고 눈도 있고 귀도 있습니다. 우리 몸의 한 지체가 모든 일을 다 하지 않습니다. 각각 일합니다. 장은 소화를 시키고 영양분을 흡수하는 일을 하고, 간은 해독하는 일을 담당하고, 눈은 보고, 귀는 듣는 일을 합니다. 각각 자기 일을 하면 그것들이 모여 아름다운 몸, 건강한 몸을 이룹니다.

이처럼 우리도 세상이라는 몸의 한 지체입니다. 회사라는 몸의 한 지체입니다. 사람마다 공동체에서의 역할은 각기 다릅니다. 그 역할이 눈인 경우가 있고 팔인 경우가 있고 머리인 경우가 있습니다. 우리는 아무리 바빠도 간을 꺼내 장바구니를 들게 하지는 않습니다. 간이 장바구니를 들 수도 없습니다. 그것은 간의 일도 아니고, 결코 몸을 위하는 것도 아닙니다. 만약 그렇게 한다면 몸은 상하고 맙니다. 마찬가지입니다. 우리가 앞에서 살펴본 대로 이 세상의 많은 일 가운데 자기 일이 있습니다. 일이 많아 쉼을 가질 수 없다면 위임해야 합니다.

모세가 장인의 권고를 받고 천부장과 백부장과 오십부장과 십부장을 뽑아 그의 일을 위임했던 것처럼 위임해야 합니다. 만약 모세가 장인이른의 말을 따라 위임하지 않았다면 그가 과연 죽는 날까지 기력이 쇠하지 아니하고 눈이 흐려지지 않을 수 있었을까요? 혹시 지금 일이 너무 많아 쉼을 가질 수 없는 상태라면 일 중에 위임이 가능한 일을 찾아 위임해야 합니다. 위임할 사람이 없다면 지금이라도 서둘러 사람을 세워야 합니다. 일이 늘어나는 만큼 사람을 늘려야 합니다.

무엇이 쉼인가?
어떻게 쉬는 것이 쉼인가?

 무조건 아무것도 안 하고 먹고 자는 것이 쉬는 것인가요? 그럴 수 있습니다. 잠을 푹 자는 것도 쉬는 것일 수 있습니다. 아무 일도 안 하는 것이 쉬는 것일 수도 있습니다. 그러나 이것만이 쉼은 아닙니다. 자신이 하고 싶은 일을 하는 것, 이것도 쉼입니다.

 무엇이 일이고 무엇이 쉼인지를 일 자체로 구분하기는 쉽지 않습니다. 골프 선수에게 골프를 치는 것은 일입니다. 그러나 어떤 사람에게 골프 치는 것은 쉼입니다. 사진 기자가 사진을 찍는 것은 일입니다. 그러나 어떤 사람에게 사진을 찍는 일은 쉼입니다. 축구선수에게 축구는 일입니다. 그러나 어떤 사람은 쉬는 날마다 축구를 합니다. 또 어떤 사람은 등산을 합니다. 어떤 사람은 쉬는 날마다 여행을 떠납니다. 이것도 쉼입니다. 생각만 해도 신이 나는 일, 하고 싶은 일, 해 보고 싶은 일, 좋아하는 일을 하는 것도 쉼의 한 방법입니다. 돈을 버는 일이 아니라 돈을 쓰는 일을 하는 것, 이것도 쉼의 한 방법입니다.

어떤 사람에게는 일인 것이 어떤 사람에게는 쉼입니다. 같은 일도 누가 언제 어떻게 하느냐에 따라 일이 되기도 하고 쉼이 되기도 합니다. 일 자체로 이것은 일이고, 이것은 쉼이라고 나눌 수 없습니다. 그렇다면 우리는 쉼도 일처럼 할 수 있고, 일도 쉼처럼 할 수 있습니다. 자원해서 즐겁게 일하면 일도 쉼이 됩니다. 억지로 마지못해 하면 쉼도 일이 됩니다. 비행기를 타고 가는 사람 중에는 여행 가는 사람도 있고 출장 가는 사람도 있습니다. 여행 가면서 비행기를 일처럼 타는 사람이 있고, 출장 가면서 비행기를 여행처럼 타는 사람도 있습니다. 후자가 현명합니다. '일도 쉼처럼 한다.' 멋진 말입니다. 그러나 이것을 쉬지 않고 일하는 근거, 쉼을 주지 않고 일하게 하는 근거로 삼아서는 안 됩니다.

사람이 쉬지 않으면 이렇게 된다

사람이 쉬지 않으면 피곤합니다. 성경에 "피곤하여 낙심하지 않기 위하여"히 12:3라는 표현이 있습니다. 피곤하면 낙심한다는 것을 전제로 한 말입니다. 그렇습니다. 쉬지 않으면 피곤합니다. 피곤하면 낙심하기 쉽습니다. 마음이 무너지기가 쉽다는 말입니다. 마음이 무너지면 마음에서 하는 기능에 이상이 생깁니다. 낙심되면 바른 생각, 바른 해석을 못 합니다. 틀린 생각, 그릇된 해석을 올바른 것이라고 확신하는 우를 범할 수 있습니다. 피곤하면 쉬어야 합니다. 쉬어야 마음이 맑아집니다. 마음이 건강해집니다. 마음이 건강해야 삶이 건강합니다.

사람이 쉬지 않으면 예민해집니다. 별것 아닌 일에도 예민하게 반응합니다. 이럴 때는 쉬어야 합니다. 자신이 생각할 때 지나치게 예민하다고 생각되면 우선해서 쉬어야 합니다. 이 상태로 일하면 일은 될지 몰라도 관계를 상하게 합니다. 주변 사람을 피곤하게 합니다.

사람이 쉬지 않으면 사나워집니다. 평소 온유하던 사람도 쉬지 않으면 사나워집니다. 그냥 넘어가도 될 일인데 짜증을 냅니다. 인상을 씁니다. 미간을 찌푸립니다. 신경질을 냅니다. 화를 냅니다. 함께 있는 사람들은 피곤해집니다. 어서 쉬어야 합니다.

사람이 쉬지 않으면 여유가 사라집니다. 농담을 받아 줄 여유도 없어집니다. 농담도 정색으로 대응합니다.

쉬지 않으면 속이 좁아집니다. 쉼은 사람의 속을 넓혀 줍니다.

사람이 쉬지 않으면 사람이 싫어집니다. 사람이 미워집니다. 사람이 귀찮고, 얄밉고, 밉게 보이면 쉬어야 할 때입니다. 선교사 중에 쉬어야 할 때를 이것으로 기준 삼는 분도 있습니다. "목사님, 선교지 사람들이 보기 싫어져서 왔어요." 솔직하게 마음을 터놓고 지내는 선교사가 한 말입니다. 아프리카의 어느 한 나라에서 헌신적으로 이십 년 넘게 사역하는 선교사입니다. 존경스럽게 사역하는 분입니다. 긍휼과 사랑이 풍성한 분입니다. 그런데 그분도 어느 때가 되면 짜증이 나고 역정이 나기 시작한다고 합니다. 이럴 때면 한국으로 옵니다. 나는 그때마다 잘 왔다고 응원합니다. 한두 달 쉬고 들어가면 새롭게 여선한 사랑을 하게 된다고 합니다.

피곤하지 않으려면 쉬어야 합니다. 낙심하지 않으려면, 여유 있는 삶을 살려면, 사랑하며 살려면 쉬어야 합니다. 온유하기 원하면 쉬어야 합니다. 계속 온유하기 원하면 쉬어야 합니다. 쉼은 사람을 온유하게 합니다. 쉼은 사람을 사랑하게 합니다. 쉼은 사람을 여유롭게 합니다. 쉼은 사람을 부드럽게 합니다. 부드럽기 원하면 쉬어야 합니다. 자기 일을 즐겁게 하려면, 많은 일을 하려면, 주님의 온전하신 뜻을 이루기 원하면, 건강하게 오래 살기 원하면, 잘 분별하기 원하면, 창조적으로 일하기 원하면 쉬어야 합니다. 마음 편안하게 쉬어야 합니다. 푹 쉬어야 합니다. 정기적으로 쉬어야 합니다. 열심히 일한 후에 쉬고 있는 당신, 당신은 지금 하나님의 말씀에 순종 중입니다.

관리자여, 쉼을 제도화하라

자기 관리 아래 있는 사람들이 열심히 일하기를 바라는 것은 어쩌면 관리자들의 공통적인 바람일지 모릅니다. 알아서 열심히 일하는 사람은 고맙고, 그렇지 않은 사람은 어떻게 해서라도 열심히 일하게 하고 싶은 것이 관리자의 마음입니다. 어쩌면 이것은 당연한 일이고 필요한 일입니다. 그러나 이것도 지나치지 않아야 합니다.

관리자들이 요구하는 열심, 기대하는 열심의 한계는 어디까지인가요? 사람의 욕심은 한이 없습니다. 관리자 안에 있는 일 욕심, 일을 좀 더 시키고 싶은 욕심 역시 한계가 없습니다. 이것을 욕심이 아니라 하나님의 명령으로 오해하는 사람들도 있습니다. 우리가 잘 아는 '죽도록 충성하라'는 말씀을 '죽도록 일하라'는 말씀으로 오해한 데서 생긴 일입니다. 요한계시록에 나오는 이 말씀의 앞뒤 문맥을 함께 살펴볼 필요가 있습니다.

"너는 장차 받을 고난을 두려워하지 말라 볼지어다 마귀가 장차 너희 가운데에서 몇 사람을 옥에 던져 시험을 받게 하리니 너희가 십 일 동안 환난을 받으리라 네가 죽도록 충성하라 그리하면 내가 생명의 관을 네게 주리라." 계 2:10

이 말씀의 의미는 '환난 가운데 순교하기까지 믿음을 지키라'입니다. 이 말씀을 죽도록 일하라, 혹은 죽도록 일을 시키라는 말씀으로 오해하는 일은 없어야 합니다.

관리자는 일 욕심을 통제하고 적절하게 제어해야 합니다. 관리자라면 지금 내가 혹시 일 욕심을 제어하지 않은 채로 직원들에게 한계 이상의 무리한 힘을 요구하며 과로하게 하는 것은 아닌지 돌아볼 필요가 있습니다. 관리자가 자신의 욕심을 채우기 위해, 자신의 실적 달성을 위해, 자신의 성과를 위해 직원들의 몸과 마음이 상할 만큼 일하도록 압박하고 있다면 이것은 슬픈 일입니다. 이렇게 해서 어떤 결과를 얻고 어떤 성과를 낸다 한들 이것이 무슨 소용이 있겠습니까? 솔로몬이 이미 이것을 경험하고 한 말이 있습니다. "헛되고 헛되며 헛되고 헛되니 모든 것이 헛되도다." 전1:2

하나님을 닮은 관리자는 자신의 관할 아래 있는 이들의 쉼을 보장해 주어야 합니다. 쉼을 제도화하고 정례화하고 실질적으로 쉴 수 있게 해 주어야 합니다. 무리하게 일할 수밖에 없는 분위기를 만들지 않도록 해야 합니다.

무리하게 일을 시켜도 그에 상응하는 보수를 주면 된다는 생각은 위험합니다. 대부분의 관리자는 무리하게 일을 시키고 돈을 적게 주는 것은 해서는 안 될 일로 생각합니다. 그러나 무리하게 일을 시켜도 그에 상응하는 많은 돈을 주면 이것은 괜찮다고 생각하는 경우가 있습니다. 나아가 이것은 선이라는 위험한 생각을 하기도 합니다. 내가 저 사람 돈 많이 벌게 해 주려고 한 일이니 이것은 선하다는 논리입니다. 쉼 없이 무리하게 일을 시키는 것은 월급 많이 주는 것으로 정당화되지 않습니다. 적절하게 적당량의 일을 할 수 있도록 제도화해야 합니다. 하나님이 나서서 쉼을 제도화하신 것처럼 관리자는 나서서 자신의 관할 아래 있는 사람의 쉼을 제도화해야 합니다. 쉬어야 합니다. 쉬게 해 주어야 합니다. 이것이 사랑입니다.

쉼은 모두에게 유익하고
모두를 행복하게 한다

일은 이익, 쉼은 손해라는 생각에서 벗어날 필요가 있습니다. 개인도 관리자도 이런 생각에서 벗어나야 합니다. 이런 생각에 매여 있는 관리자는 자신의 관리 아래 있는 사람들에게 일을 시키는 것은 이익, 쉬게 하는 것은 손해라는 생각을 하게 됩니다. 자신의 관리 아래 있는 사람들을 쉬게 하는 것은 회사에 손해를 끼치는 것이라는 생각에 매이게 됩니다. 회사에 대한 충성을 자신의 관리 아래 있는 사람들을 쉬지 못하게 하는 것으로 오해할 수도 있습니다. 쉬는 것이 다 게으른 것으로 보이는 착시 현상이 생길 수 있습니다. 일을 많이 시키는 관리자가 유능한 관리자라는 착각을 할 수 있습니다. 경영자도 이런 착각을 할 수 있습니다. 이런 관리자가 우대받는 분위기가 되면 금방 회사 분위기가 그쪽으로 쏠립니다.

사람은 쉬어야 친절합니다. 쉬어야 사람은 온유해집니다. 사람은 쉬어야 생기가 있습니다. 직원에게 쉼을 주면 고객도 회사도 좋아집니다. 고객을 온유한 마음으로 대하는 직원을 통해 회사 이미지는 좋아집니다. 고객은 품위 있고 여유 있게 자신을 대해주는 직원에게 끌리기 마련입니다. 이런 직원들을 통해 회사 이미지는 점점 좋아집니다.

적절한 쉼을 주면 창의적인 아이디어도 나오고, 생산성도 향상됩니다. 친절과 의욕도 쉼을 통해 생깁니다. 그래서 하나님이 밤을 만드시고 쉼을 제도화하신 것입니다.

결국은 쉼을 주는 것이 관리자에게도, 관리를 받는 사람에게도, 나아가 그들이 속한 공동체에도 유익이 됩니다. 유익이 될 뿐 아니라 모두를 행복하게 합니다. 관리자는 자신의 관리 아래 있는 직원들이 행복하게 일하니 좋고, 관리 받는 사람은 여유를 갖고 창의적으로 일할 수 있어 좋고, 회사는 향상된 기업 이미지로 매출이 늘고 이익이 증가해 좋고, 경영자는 사원들을 사랑하는 경영자라는 존경을 받아 좋습니다. 모두가 행복하게 윈윈(win-win)합니다.

내가 너를 쉬게 하리라

진정한 쉼, 모든 쉼의 근원이 되는 쉼이 있습니다. 우리를 쉬게 하시기 위해 이 땅에 오신 분이 있습니다. 그분이 예수 그리스도이십니다. 예수님은 이 땅에 살고 있는 우리가 수고하고 있음과 무거운 짐을 지고 있음을 아십니다. 예수님은 수고하고 무거운 짐 진 자들을 친히 부르셨습니다. "수고하고 무거운 짐 진 자들아 다 내게로 오라 내가 너희를 쉬게 하리라." 마 11:28

예수님은 우리에게 쉼을 주시기 원합니다. "내가 너희를 쉬게 하리라." 마 11:28 예수님은 우리에게 평안을 주시기 원합니다. "평안을 너희에게 끼치노니 곧 나의 평안을 너희에게 주노라." 요 14:27 쉼과 평안은 좋은 것입니다. 쉼이 있으면 평안해집니다. 평안은 쉼의 시작입니다.

평안은 근심과 두려움이 없는 상태입니다. "내가 너희에게 주는 것은 세상이 주는 것과 같지 아니하니라 너희는 마음에 근심하지도 말고 두려워하지도 말라." 요 14:27 쉼 역시 마찬가지입니다. 근심과 두려움이 없어야 쉼이 가능합니다. 일 중의 일은 근심하고 두려워하는 일입니다. 앞서 나눈 대로, 근심하고 두려워하면 몸은 휴양지에 가 있어도 쉼은 없습니다.

쉬기 원하면 근심과 두려움을 없애야 합니다. 근심과 두려움을 없애는 길이 예수입니다. 성경은 근심과 걱정은 예수님께 맡겨 버리라고 합니다. "내일 일을 위하여 염려하지 말라 내일 일은 내일이 염려할 것이요 한 날의 괴로움은 그 날로 족하니라." 마 6:34 "너희 염려를 다 주께 맡기라 이는 그가 너희를 돌보심이라."^벧전 5:7 예수가 없는 사람은 근심을 맡길 대상이 없습니다. 우리에게는 근심을 맡길 예수님이 있습니다. 하나님이 '내가 알아서 할 테니 내게 맡기라'고 하는데도 굳이 자신의 근심은 자신이 근심하겠다고 하는 그리스도인들도 종종 있습니다. 참 안타까운 일입니다. 맡기면 그분이 알아서 하십니다. 믿고 맡기세요.

하나님은 예수를 믿는 우리에게 두려워하지 말라고 말씀하십니다. "두려워하지 말라 내가 너와 함께 함이라 놀라지 말라 나는 네 하나님이 됨이라 내가 너를 굳세게 하리라 참으로 너를 도와 주리라."^사 41:10 하나님이 우리에게 하시는 말씀의 요지는 '내가 책임질테니 너는 두려워하지 말라'는 것입니다. 하나님은 거듭 말씀하십니다. "두려워하지 말라 내가 너를 도우리라 할 것임이라 버러지 같은 너 야곱아, 너희 이스라엘 사람들아 두려워하지 말라 나 여호와가 말하노니 내가 너를 도울 것이라."^사 41:13-14 하나님을 믿으면 두려워하지 않을 수 있습니다. 두려움이 없는 상태가 쉼입니다. 하나님을 믿으면 쉼이 가능합니다.

진정 쉬기를 원한다면, 쉼을 얻기 원한다면 예수님에게로 가야 합니다. 예수님은 안식 그 자체이시고, 안식일의 주인이십니다. "인자는 안식일의 주인이니라." 마 12:8 예수 안에 있는 것은 곧 안식 안에 있는 것입니다. 예수가 있는 삶은 곧 쉼이 있는 삶입니다.

예수님에게로 가는 것을 다른 말로 하면, 신앙생활입니다. 이런 의미에서 신앙생활은 쉼입니다. 영육 간의 쉼은 신앙생활 안에 있습니다. 우리는 날마다 예수 안에서 삽니다. 주일마다 예수님의 몸 된 교회로 모입니다. 그 안에서 예수님이 주시는 쉼을 얻습니다. 이 쉼이 기초가 되어야 다른 쉼이 그 위에서 아름다운 쉼으로 지어집니다. 예수 안에서 이 땅에서 시작된 쉼은 저 영원한 나라의 안식으로 이어집니다.

에필로그

주시고 주시고 또 주시는 하나님

어느새 에필로그를 쓸 때가 되었네요. 복·일·밥·쉼을 마음에 담은 것은 수년 전입니다. 숙성이 꽤 된 주제입니다. 이 책을 쓰면서 다시 한 번 느낀 하나님은 '주시는 분'입니다. 하나님은 사람에게 생명을 주시고, 복을 주시고, 일을 주시고, 밥을 주시고, 쉼을 주셨습니다. 이게 다가 아닙니다. 하나님은 사람에게 주시고 주시고 또 주십니다. 주시다 주시다 당신의 아들까지 주셨습니다.

왜 하나님은 사람에게 이렇게 주시고 주시고 또 주실까요? 사람이 예뻐서일까요? 사람도 예쁜 사람에게 주고 싶은 마음이 드는 것을 보면 하나님도 그러실지 모릅니다. 사람이 착해서일까요? 사람도 착한 사람에게는 뭐라도 하나 더 주고 싶은 마음이 드는 것을 보면 하나님도 그러실지 모릅니다. 그러나 이것은 충분한 설명이 되지 못합니다. 하나님 온 사람이 하나님 보시기에 아름다울 때도 주셨지만, 사람이 심히 부패해 더러워졌을 때도 주셨습니다. 사람이 착할 때도 주셨지만, 사람이 타락해 죄인이 되었을 때도 하나님은 주셨습니다. 오히려 사람이 타락해 죄인이 되었을 때 하나님은 더 소중한 것을 주셨습니다. 독생자를 주셨습니다.

하나님이 사람에게 주시고 주시고 또 주시는 이유는 하나님이 사람을 만드셨기 때문입니다. 하나님의 것이기 때문입니다. 하나님이 예수 믿는 우리에게 주시고 주시고 또 주시는 이유는 우리는 하나님의 자녀고 하나님은 우리의 아버지이시기 때문입니다.

주시고 주시고 또 주신 하나님은 우리에게 하나님이 주신 것들의 값을 치르라고 요구하지 않으십니다. 일시불로 내든지 평생 할부로 갚든지 하라고 하지 않으십니다. 그저 '내가 준 것으로 인해 너는 기뻐하고 감사하고 나를 찬양해 다오'라고 말씀하십니다.

많은 것을 받은 나는, 우리는 그것에 대해 어떻게 반응하고 있나 하는 생각을 깊이 했습니다. 누군가에게 무엇을 받았을 때 보이는 반응은 크게 세 가지입니다. '짜증을 내며 불평한다. 당연하게 여긴다. 기뻐하며 감사한다.' 이 중에 가장 일반적인 반응이 '당연하게 여기는 것'입니다. 보편적인 사람들의 반응입니다. 무엇을 받고도 그저 받을 것을 받았으니 당연하다고 여기는 태도입니다. 그들은 이렇게 말합니다.

하나님이 주신 것에 대해서도 "신이 사람을 만들었으니 사람이 살아가는데 필요한 것을 주는 것은 당연한 것 아니냐", 부모에 대해서도 "부모가 낳았으니 먹이고 입히고 교육시키고 결혼시키는 것은 당연한 것 아니냐", 회사에 대해서도 "내가 회사를 위해 일했으니 회사가 월급 주고 보너스 주고 성과급 주고 퇴직금 주는 것은 당연한 것 아니냐", 나라에 대해서도 "내가 국민이니 국가가 내게 이런저런 일들을 해 주는 것은 당연한 것 아니냐"라고 합니다.

당연히 여기는 태도는 거기 머물지 않고 짜증내고 불평하는 쪽으로 옮겨 갈 소지가 높습니다. 그쪽으로 옮겨 가면 하나님이 자신에게 주신 것을 받고도 주시지 않은 것으로 인해 짜증 내고 불평합니다. 부모가 자신에게 해 준 것을 받고도 해 주지 않은 것에 반감을 갖고 원망합니다. 회사와 국가에 대해서도 역시 같은 반응을 보입니다. 이러다 보면 상대가 누구든지 매사에 짜증을 내고 범사에 불평하는 사람이 됩니다.

이런 사람이 되고 이런 인생을 사는 것은 안타까운 일입니다.

받은 자의 마땅한 태도는 기뻐하며 감사하는 것입니다. 또한 그것을 주신 분이 하나님이면 찬양을, 부모면 공경을, 사람이면 존경을 더해야 합니다. 이것이 우리의 기본이고 인격이면 좋겠습니다. 그러나 이것은 쉬운 일이 아닙니다. 우리 힘으로 어려운 일입니다. 잠시 기분 좋을 때는 가능하지만, 항상 이렇게 하기는 쉽지 않습니다. 성령님의 도움이 필요합니다. '항상 기뻐하라, 범사에 감사하라'는 말씀 중간에 '쉬지 말고 기도하라'가 들어 있는 것이 소망입니다. 우리가 기도해야 할 이유가 많지만, 받은 것으로 기뻐하며 감사하기 위해서도 기도해야 합니다.

사랑하는 독자 여러분, 이 책을 읽어 줘서 고맙습니다. 여러분을 축복하고 싶습니다. 여러분과 여러분 후손들이 평생 때마다 일마다 복·일·밥·쉼을 주신 하나님 앞에서 기뻐하며 감사하며 복·일·밥·쉼을 하나님이 주셨다고 찬양하며 행복하게 사시길 축복합니다. 사람에게 무엇을 받았을 때도 기뻐하며 감사하시기 바랍니다.

사랑합니다.

사명선언문

너희가 흠이 없고 순전하여……세상에서 그들 가운데 빛들로
나타내며 생명의 말씀을 밝혀 _ 빌 2:15-16

1. 생명을 담겠습니다
만드는 책에 주님 주신 생명을 담겠습니다.
그 책으로 복음을 선포하겠습니다.

2. 말씀을 밝히겠습니다
생명의 근본은 말씀입니다.
말씀을 밝혀 성도와 교회의 성장을 돕겠습니다.

3. 빛이 되겠습니다
시대와 영혼의 어두움을 밝혀 주님 앞으로 이끄는
빛이 되는 책을 만들겠습니다.

4. 순전히 행하겠습니다
책을 만들고 전하는 일과 경영하는 일에 부끄러움이 없는
정직함으로 행하겠습니다.

5. 끝까지 전파하겠습니다
모든 사람에게, 땅 끝까지, 주님 오시는 그날까지
복음을 전하는 사명을 다하겠습니다.

서점 안내

광화문점	서울시 종로구 새문안로 69 구세군회관 1층 02)737-2288 / 02)737-4623(F)
강남점	서울시 서초구 신반포로 177 반포쇼핑타운 3동 2층 02)595-1211 / 02)595-3549(F)
구로점	서울시 동작구 시흥대로 602, 3층 302호 02)858-8744 / 02)838-0653(F)
노원점	서울시 노원구 동일로 1366 삼봉빌딩 지하 1층 02)938-7979 / 02)3391-6169(F)
일산점	경기도 고양시 일산서구 중앙로 1391 레이크타운 지하 1층 031)916-8787 / 031)916-8788(F)
의정부점	경기도 의정부시 청사로47번길 12 성산타워 3층 031)845-0600 / 031)852-6930(F)
인터넷서점	www.lifebook.co.kr